가벼운 마음의 소유자들

가벼운 마음의 소유자들

유형진 시집

민음의 시 173

민음사

自序

마음 가장자리가 콕콕 쑤실 때마다
가벼운 마음의 소유자들을 생각했다.

하얀 돌멩이 마을의
풀잎, 바람, 아침노을, 작은 새 떼들,
그리고 초저녁에만 뜨는
어떤 무지개들에게.

2011년 3월
유형진

차례

自序

1부 겨울밤은 투명하고

샤이니 샤이니 퓍, 퓍 — 유니콘의 경우　　13
봄밤 — 썩어 가는 목련 꽃잎의 경우　　15
겨울밤은 투명하고 어떠한 물음표 문장도 없죠 — 이중국적자의 경우　　16
하얀 앙고라 털이 섞인 스웨터를 짜 줄게　　18
다이알 비누로 목욕시킨 마론 인형의 냄새같이　　20
나쁜 너　　22
빌리지의 뾰족한 소녀와 브렌따노 보이　　24
내 우주의 삼바 축제　　26
연어알 유희　　28
화성인 2인조　　30
가정식 '밤의 은빛 머플러'를 위한 레시피　　32
*버블버블랜드*의 추잉　　34
CNMG(Cubes National Mars Graphics)에서 보내온 열두 번째 메시지
— Peace-9-10-1 "달빛과 별빛은 우리에게"　　37

2부 랜드 하나리

빨간 밤　　43
뭉게구름은 침묵을 연주하고　　44

랜드 하나리의 단풍 이야기—1/5   46
랜드 하나리에서의 산책—2/5   48
랜드 하나리의 '함부로'—3/5   50
랜드 하나리에서 오리들의 가우뚱 피겨스케이팅 대회—4/5   52
랜드 하나리에서 피에路의 피에로—5/5   54
외가   55
어린 나무   56
심장—잃어버린 혹은 잊어버린 보라 구슬   58
심장—세차장의 뱀파이어들   60
심장—죽은 줄 알았는데 살고 있는 소심한 w양   61
단정하지 못한 단 하나의 문장   62

3부 가벼운 마음의 소유자들

낭만 사회와 그 적들—수선화 화원의 설리번 선생   67
낭만 사회와 그 적들—낮달들은 잊혀진 별자리를 그리워하고 무당벌레들이 윙윙거리는 오후, 분꽃 정원 십자로에서의 회고담   68
낭만 사회와 그 적들—파란 별 장군과 군인 아파트 아이   70
낭만 사회와 그 적들—메리 포핀스 해상에서의 전쟁   72
낭만 사회와 그 적들—파도바 해부학 극장의 야근   73
가벼운 마음의 소유자들—'올드밤비'의 마지막 새끼 곰   74
가벼운 마음의 소유자들—내 작은 지미니 크리켓에게   76

가벼운 마음의 소유자들—어떤 개의 나이　79
가벼운 마음의 소유자들—'우용'과 101호의 개　80
가벼운 마음의 소유자들—얼룩무늬 조로, 웃기지도 않은 웃긴 개　82
가벼운 마음의 소유자들—대낮의 사람　84
가벼운 마음의 소유자들—철심 교정기의 소녀　86
가벼운 마음의 소유자들—린넨 버드 로빈 코코아 그리고, 때 전 사탕 양말　88
가벼운 마음의 소유자들—히치콕의 5단 서랍장　90
가벼운 마음의 소유자들—베로니카의 손수건과 그노시스의 손수건　92
가벼운 마음의 소유자들—조난자의 마지막 기억　94
가벼운 마음의 소유자들—어지러운 몇 개의 안부　96
가벼운 마음의 소유자들—존 레논의 나날　98
가벼운 마음의 소유자들—실로폰 양과 데칼코마니 군　100
가벼운 마음의 소유자들—왼돌이 달팽이 심벌즈의 방　102
가벼운 마음의 소유자들—저글링의 달인　104
가벼운 마음의 소유자들—액자의 세계　106
가벼운 마음의 소유자들—하늘 가장자리 나라 구름 퀴즈　108
가벼운 마음의 소유자들—팽이의 마음　110

작품 해설 / 허윤진
레인보 몬스터　113

1부

겨울밤은 투명하고

샤이니 샤이니 퀵, 퀵
— 유니콘의 경우

거위가 달아나는 길을 토끼가 쫓아가고, 토끼가 가는 길을 노루가, 노루가 가는 길을 뱀이 쫓아가고, 뱀은 말을, 말은 유니콘. 내 가장 가녀린 심장. 내가 가진 심장의 가장 아름다운. 그것을 가지고 도망간 너. 나의 유니콘. 샤이니 샤이니 퀵, 퀵.

너는 항상 샤이니 샤이니 퀵, 퀵, 하며 달려가지. 내 꿈을 날아 네 꿈속으로. 네 험한 꿈속엔 언제나 보름달이 두 개가 뜨지. 두 개의 보름달에서 흐르는 젖을 너는 좋아하지만 난 아니었어. 난 아닌 게 넌 맞고, 좋고, 낮고, 조용히, 흘러가고. 한 몸으로 흐르지 못할 바엔 층을 달리해서 흐를걸. 우린 왜 그때 몰랐을까? 온통 비좁은 골목뿐이었다고만 생각했잖아. 우리의 골목, 사랑스런 골목, 반짝거리는 골목, 거위가 달아나는 그 골목에서 주운 백동전 한 개. 그걸로 우린 빵을 사고 젖을 사고 조금씩 뜯어 서로의 입에 넣어 주었어. 아프지만 속상하진 않았어. 샤이니 샤이니 퀵, 퀵, 하며 달려가는 너. 나의 유니콘.

거위가 달아나는 길을 토끼가 쫓아가고 토끼가 가는 길

을 노루가, 노루가 가는 길을 뱀이 쫓아가고 뱀은 말을, 말은 유니콘. 내 가장 가녀린 폭죽. 펑, 펑, 터져서 밤하늘에서 사라지는 너. 샤이니 샤이니 퀵, 퀵, 하며 터지는 내 심장. 그런 내 심장을 밟으며 아무렇지도 않게 달리는 너. 나의 샤이니, 샤이니, 샤이니.

봄밤
— 썩어 가는 목련 꽃잎의 경우

흐름은 없었고 반 바퀴만 돌면 모두 제자리일 것 같은데 꼭 한 바퀴를 다 돌아 어떤 날로 간다.

어떤 날. 목련이 더러운 꽃잎을 떨어트리며 자살하는 봄밤.

텅 빈 곳이 너무 많아 뭉텅뭉텅 잘렸고 밑둥치엔 잘린 것들이 흩어진다. 바람이 불어도 흩어진 것들은 날아가지 못하고.

너는 딸기 맛 솜사탕이 되어 봄 하늘을 하염없이 날고 싶다고 했지. 유치하고 지긋지긋한 것들은 절대로 변하지 않고 계속 피할 수 없는 물음표만 들고선 원치 않는 생을 따라 없던 미로를 만들어 헤맨다.

카니발이 끝난 놀이동산의 회전목마가 끄덕끄덕 졸고 있는 새벽, 잎도 나지 않은 나뭇가지에 안간힘으로 매달려 있는 꽃들의 간절함이 속수무책일 때.

바람이 지나가고 화르륵 일어서는.

겨울밤은 투명하고 어떠한 물음표 문장도 없죠
—— 이중국적자의 경우

당신을 생각하면 네 개에서 세 개가 돼요
당신은 호주머니 속의 지퍼
불씨 없는 다이너마이트예요 빨간 풍선 속에 헬륨 가스
사바나 초원의 기린 뿔이죠

나를 생각하면 무너지는 당신은
열대야의 바다 같아서
나는 당신이 좋아요 하지만 우리는 여섯 개에서 아홉 개로
그렇게 갈 수는 없어요

당신을 생각하면 또 두 개에서 한 개가 돼요
길가의 강아지풀을 마구 뜯어서 버리는 애
동생의 유모차에 곰돌이를 태우고 가출하는 당신
겨울밤은 투명하고 어떠한 물음표 문장도 없죠

계절은 여름을 몰라보고 봄이 되어도 바람은 안 불어요
당신을 생각하면 이런 짓거리가 우습지도 않고
지겨운 뉴스 프로그램, 점점 바보가 되는 사람들 사이에

앉아
　나는 레메디오스 바로*를 읽어요

　당신을 생각하면 이제 영, 이에요
　여기도 저기도 속하지 못하고 부유하다
　아무도 못 본 척할 때 바닥으로 떨어지는 눈꽃송이처럼
　가볍고 거칠 것이 없고 이내 녹아 축축해져 버리는 당신

　싹, 한순간에 사라져 버렸으면 좋으련만
　당신은 나를 못 본 척하는 걸로
　인생을 마무리하고 싶어 하죠

　그러나 당신, 나도 당신을 생각하면 무너지고 싶지만
　그러지 않기로 했어요 아프리카의 가젤과 같이
　이렇게 버티는 것으로 인생을 마무리하려구요

*『연금술의 미학』.

하얀 앙고라 털이 섞인 스웨터를 짜 줄게

애인들에게 겨울은 까망. 너와 함께 건넌 은하수
담배가 떨어진 아침, 그리고 낯선 바다에 불시착한 우리

하얀 앙고라 털이 섞인 스웨터를 짜 줄게
나하고 너하고 그리고 이 세계의 추운 애인들에게

발밑에서 개구리가 죽어 있는 어느 여름날의 입맞춤
너무 많은 것을 먹어 치우다가 생활을 망치고 말겠지

추운 애인들이 태어난 해의 별자리는 용서 없이 반짝,
헤드라이트 한쪽이 깨진 스쿠터를 타고 마중 나온 너

있잖아, 더 이상 학교엔 가지 않겠어
주판을 들고 복도에서 깜빡깜빡, 착해지는 별

추운 애인들에게 겨울은 까망. 너와 함께 건넌 절망의 화덕
  담배가 떨어진 아침, 낯선 사막에 불시착한 우리

레이디피시*와 못**의 음악을 들으며
하얀 앙고라 털이 섞인 스웨터를 짜 줄게

* 뉴에이지 록 밴드 Lady fish.
** 록 밴드 MOT.

다이알 비누로 목욕시킨 마론 인형의 냄새같이

「죽은 황녀를 위한 파반느」를 내 귀에 꽂아 주고
노을 속으로 들어간 너를 쫓아 나는 뉘엿뉘엿 지고 있었다

나는 다이알 비누로 목욕시킨 마론 인형의 냄새같이
뽀얗게 되어 너에게 간다
죽어 버린 귀뚜라미라든가 태양에 타 버린 갈색 설탕 꿈
따윈 없어져도 좋을 시절

마음의 정처는 점점 멀어지고
죽은 황녀는 계속 나를 나무라고 나무라고

나는 황녀의 명령에 최초로 불복종하는 낙타였어
머리에 꽂은 비녀를 빼서 강아지의 껌으로 주던
나를 나무랄 만했지
그렇지만 황녀는 나에게 남으라고 남으라고

나는 떠났네 갈색 설탕 꿈아 이제 내게서 꺼져 줘
가엾은 낙타들 혹은 혹들

마음의 정처는 점점 흐려지고
나는 그런 시절에 남아 앵두나 먹고 싶었네

너는 여전히 노을 속에 들어가 나오지 않고
전원이 꺼져도 계속 켜져 있는 잔상 같은 너
반전의 구름같이 내 망막 뒤에서 나를 괴롭히는 너

나는 다이알 비누로 목욕시킨 마론 인형의 냄새같이
너를 만지고 도망간다

나쁜 너

너, 라고 발음하면 세상 모든 너는 '너'에게 와서 갇힌다

담배 연기 같은, 창틀의 먼지 같은, 깨진 유리 조각 같은, 커피 사탕 같은, 산마르코 광장에 고이는 바닷물 같은, 찰박찰박하는, 터질랑 말랑 하는, 목련 꽃잎에 내려앉은 봄 햇살 같은, 새벽 복도에 혼자 앉아 있는 우유 팩 같은, 잘못 배달된 엽서 같은, 나비 날개 같은, 새벽 기도회가 열리는 교회 의자 같은, 자전거 페달 같은, 액자 위의 얼룩 같은, 비껴 앉은 사람의 옆얼굴인, 귀밑을 스치는 바람결인,

계절은 가을이고 이국의 노을 속에 흐르는 「수이사이드 이즈 페인리스」* 그리고 스위스산 오르골에서 흐르는 「러빙 유」

할 수만 있다면 '러빙 유'를 당의정처럼 입고 너의 입속으로 들어가 삼켜지고 싶어, 나는 너의 내장 기관을 따라 흘러가다 너에게 흡수되어 너를 망쳐 놓고 싶어, 나는 심하게 훼손된 사람, 더 이상 가망 없는 봄날을 그리워하는 한

심한 족속, 나는 나쁜 너에게 들어가 영원히 죽지 않는다

* 케런 앤의 노래 「Suicide is Painless」.

빌리지의 뾰족한 소녀와 브렌따노 보이

오빠는 브렌따노 보이. 참하고 다소곳한 소년. 나는 이대 빌리지에서 파는 보세 옷을 입고 다니는 뾰족한 소녀였구요. 나는 오빠랑 만날 적이면 브렌따노 옷을 입고 추파춥스를 빨아 먹으며 신촌 거리를 마구 싸돌아다녔어요. 오빠는 기타 치며 노래했어요. Like a bird! Be a bird! 오빠의 연주는 혀 밑의 추파춥스처럼 나를 녹여 주었지만 새가 되지는 않았어요. 브렌따노 보이는 뭐가 될까? 빌리지의 뾰족한 소녀는? 그따위 것 하나도 궁금하지 않은 나날들이었죠.

오빠는 방학이면 학력고사 대비 종합반에 들어가서 주일에도 교회에 나오지 않았어요. 주일에 교회에 나오지 않았어도 언제나 브렌따노 티셔츠를 입고 있었죠. Like a bird, be a bird. 나에게 노래해 줄 때랑 다름없이. 오빠가 나오지 않는 교회는 교회가 아니었으니까, 나는 안 나가도 되었어요. 오빠가 딱 한 번 착한 일을 한 거죠. 오빠를 만나지 못하는 주일이 많아지면서 나는 날마다 주일. 내 안의 침들은 더욱 뾰족해졌고요. 새로운 침들이, 보다 날카롭고 세련된 침들이, 나도 모르게 자꾸 돋아났어요. 나는 침

투성이 공이 되어 날마다 주일을 살았어요. 브렌따노 보이를 좋아하던 빌리지의 뾰족한 소녀.

내 우주의 삼바 축제

나의 브라질에 가고 싶어

내 우주의 브라질에서 벌어지는 삼바 축제에 초대받은 보도 본부 24시의 앵커맨을 나는 사랑했네
이번 축제에도 안드로메다성의 고양이족들이 나와 춤을 출까?
도입부의 춤 말이야 모든 걸 뒤죽박죽 엉망 카오스로 만들어 버리는 춤
생쥐들의 정연한 지르박 살사를 깔아뭉갤 만한 놀라운 춤

    망가져서 미안해요
    나의 브라질에 가서 망가지려고 그랬는데
    여기서 망가져서 미안, 미안해요

보도는 여기서 끝났다,
끝, 났다 다시 시작

혀끝에 남아 있던 너의 혀를 나는 계속 맛보고 싶지 않아서(사라진 후에 맛본다는 건 너무 슬프잖아) 질경질경

씹다가 제라늄 화분에 묻어 주었어 투명 눈물도 세 방울 떨어트려 주었어 봄이 되면 내 제라늄에는 꽃 대신 네 혀가 주렁주렁 열릴 거야

    허풍선이 남작의 첨탑 꼭대기, 너와 나의 보도 본부
    내가 바라는 바는 항상 거짓말
    나를 좋아한다는 말 전 인류를 사랑한다는 말
    너는 6월의 물보라같이 가볍게 튕겨 나가네 우주로 가네
    수없이 많은 날을 그렇게 가네

        망가져서 미안해요
        미안, 미안해요
        보도 본부 24시의 앵커맨
        나를 다시 사랑해 주세요
        나는 아직 절절 끓어요
        와서 찬물을 부어 줘요

보도는 여기서 끝, 나지 않고,
다시 끝.

연어알 유희

연말의 거리에, 밀가루 인형 표정의 한 사람 서 있습니다.
삶은 계란 껍질 같은 포장도로를 걷기 시작합니다.
도로 위로는 연어알들이 내리고
사람들은 비어 있는 몸의 뚜껑을 열고 연어알들을 채웁니다.

흐린 눈동자에 명멸하는 폭죽놀이 푹, 푹.
가로수의 꼬마 불빛들은 소곤소곤
취한 사람들의 어깨 위에 내려
귀엣말로 속삭입니다.
오늘은 어제보다 좋은 내일인가요?

까만 코트 먼지뿐인 주머니에
끈적끈적한 손을 찔러 넣으며
버스를 기다립니다.
버스 창틈에 끼어 매달려 가는 안부들.
안녕, 안녕. 반짝, 반짝.
여전히 도로 위로는 투명하고 주황색인 연어알들이 내

리고

집으로 가는 사람은 아무도 없습니다.

화성인 2인조

 모리스프라파라하와 하라파라프스리모(이것도 정확한 것은 아니고 다만 내 귀에 이렇게 들렸기에 잊어버리기 전에 켜져 있는 컴퓨터 메모장에 급히 쳐 둔 것이다.) 그들이 내 창을 찾아온 건 어느 가을, 자정 무렵이었다. 그들은 비행접시를 타고 온 것이 아니었다. 3년 전 아침, 정오, 저녁 뉴스에 대대적인 방송을 하며 지구에 방문한 CNMG (Cubes National Mars Graphics)에서 보낸 화성인들하고는 전혀 다른 경로로 왔음이 분명하였다. 그렇다고 어린 왕자처럼 철새의 이동 경로를 통해 왔다고는 여겨지지 않는다. 지금 지구의 철새들은 독감에 걸려 외계에서 온 이들을 옮겨 주기엔 정서적으로 쌀쌀맞기 때문이다. 나는 자정이 넘도록 잠이 오지 않는 날이 많아서 그 무렵 벌어질 수 있는 일들에 대해 익숙해 있다. 하지만 나에게 모리스프라파라하와 하라파라프스리모라고 자신들을 소개하는 이 화성인 2인조는 너무 생소하였다. 무엇 때문에 왔는지, 하필이면 왜 나에게 왔는지, 물어보았지만 그들은 여전히 모리스프라파라하 하라파라프스리모라며 거듭 자신들의 이름을 알려 줄 뿐이다.(어쩌면 그것도 그들의 이름이 아닐지 모른다. 그러나 너무 절실하게 서로를 바라보며 그렇게 외쳐 대는 것이었다!) 아무래도 이름을 잃고 심한 공포에 시달린 적이 있었던 것이 아닐까 추측할 뿐이었다. 나는 그들을 내 방으로 들어오게 했다. 창밖은 꽤 쌀쌀했지만 그들은 아무것도 걸치지 않았다. 나는 내가 즐기는 인스턴트 커피 두 잔을, 제일 아끼는 겐조의 2인조 찻잔 세트에 내왔다. 그들은 커피를 마시더니 지구 말을 하였다. 향이 좋네요? 코가 없는 그들이 어떻게 냄새를 맡을 수 있었는지는 지금까지도 의문이지만, 커피를 다 마시자 다시는 지구 말을 하지 않았다. 나는 그들에게 새로운 커피를 끓여 주기 위해 자리에서 잠깐 일어났는데 그사이 사라져 버렸다. 식은 커피 자국이 묻은 겐조의 2인조 찻잔만 남긴 채.

가정식 '밤의 은빛 머플러'를 위한 레시피

〈재료〉

유기농 라벤더 비누 1개, 소다수 2병, 가오리(생물일 경우 6마리, 마른 것일 경우 5마리), 낡은 우주선 1척, 칫솔 1개

〈순서〉

① 두 시간 동안 유기농 라벤더 비누를 소다수에 담가 충분한 거품을 일게 한다.

② 가오리는 꼬리를 손질해 1캐럿의 다이아몬드형으로 잘라 놓는다.

③ 낡은 우주선의 우주인들은 모두 내리도록 한다.(하차를 거부하는 우주인은 1인까지는 그냥 태운다.)

④ 잘라 놓은 가오리를 충분한 거품이 인 비누로 칫솔을 사용하여 코팅한다.

⑤ 우주인들이 모두 내린(하지만 고집쟁이 우주인은 남아 있을지 모를) 우주선에 비누 코팅된 가오리를 태운다 — 코팅이 제대로 되었다면 빛을 내며 스스로 우주선으로 올라타는 가오리 조각들을 볼 수 있다.

⑥ 가오리 조각들의 탑승 작업이 끝난 우주선에 시동을 건다.

⑦ 우주선을 날게 한다.

※ 효과 및 효능

수험생을 둔 가정. 가족 중 불면으로 고생하는 사람이 한 사람이라도 있는 가정. 실연, 사업 실패, 이혼, 고시 낙방 등으로 인한 경미한 혹은, 경중한 우울증 환자가 한 사람이라도 있는 가정. 새로운 아파트로 이사 또는, 부모, 조부모의 장례식 후 아침 식사 시간에 가족끼리 한마디도 말을 하지 않는 가정에 사소한 유머를 되찾아 줌.

※ 주의 사항

'밤의 은빛 머플러'가 제대로 나오지 않을 경우: 가오리를 정확하게 1캐럿의 다이아몬드형으로 자르지 않고 그냥 마구 다져 놓았을 경우, 고집쟁이 우주인이 발을 안 씻은 지 30일이 넘었을 경우, 비누의 전처리 작업이 제대로 되지 않았을 경우.

*버블버블랜드*의 추잉

　— *버블버블랜드*의 추잉을 알게 되면서 나는 궁극의 고통을 알게 되었다.

　*버블버블랜드*에선 웬만해서는 버스를 잘못 타는 일은 벌어지지 않아. 버스 전용 차선을 날아다니는 차들은 무지갯빛 비눗방울을 타고 하늘을 날아다니거든. 승객을 위해선 어디라도 날아가는 *버블버블랜드*의 버스는 발이 999개인 환상 벌레야. 버스는 세련되었지. 시속 300킬로미터 짙은 안개 속에서도 귀뚜라미 소리와 쓰르라미 소리를 구분할 줄 아는 능력이 있거든. 토토로의 고양이 버스보다 실력이 좋지.

　*버블버블랜드*에선 웬만해서는 끼니를 거르는 일이 거의 없어. 누구도 굶지 않는 세상. *버블버블랜드*의 모토야. 이곳에선 '소외 계층'이란 단어조차 없어. 마르크스나 레닌이 와서 통곡을 하고 떠난 완벽한 사회야.
　모두가 미인들의 팝콘을 공평하게 나눠 먹지. 하하하하 *버블버블랜드*의 가장 큰 무기는 웃음이지. 초절정 미인들의 웃음이 여기선 가장 가공할 만한 무기야. 그녀들이 웃어 주면 세상은 팝콘 세상이 되지. 미인들이 작정하고 웃어 주면 온통 세상은 하얗고 고소한 냄새로 가득 차. 어지간한 사람들은 세 시간 이상은 버틸 수 없어 토하고 말지. 토하다 죽지. 세상이 어지러울 때 미인들은 전투 병력에 투입되지. 그리고 남은 못생긴 사람들은 팝콘을 나눠 먹으며 아름답고 평화롭게 사는 사회.

 *버블버블랜드*에선 완벽하게 웃어야 해. 토하다 죽기 싫으면. 와하하하하하하 하고.

 *버블버블랜드*에선 웬만해서는 모두 아기처럼 코~ 자.
 '소외 계층'처럼 '피곤'이란 단어도 사전에 등재되어 있지 않지. '두통' '골칫거리' 이런 말들도 없지. 뭐 그런 세상이 다 있나 싶지? 항상 두통과 골칫거리 때문에 수면제를 복용해야만 하는 당신에겐 미안하지만 말이야, 그런 곳이 있어. 천국도 아니고. 말도 안 돼, 라고 할지 모르지만 사실이야.
 기분 나쁘면 웃어 줘. *버블버블랜드*가 못마땅하다면 상아로 만든 모조 치아는 잠시 빼고. 분홍색 잇몸만으로. 웃음만이 *버블버블랜드*에 대한 가장 잔인한 테러.

―*버블버블랜드*에서 번번이 버스를 잘못 타고 끼니도 굶고 잠까지 못 자는 사람들이 있지. 흔치 않은 그런 사람들을 메이플시럽에 녹여 만든 *버블버블랜드*의 추잉이야. 자, 씹어 봐.

CNMG(Cubes National Mars Graphics)에서 보내온 열두 번째 메시지
── Peace-9-10-1 "달빛과 별빛은 우리에게"

 지구의 하버마스에게 영향을 받은 거북이 살고 있는 수조(水槽)가 있어요.
 수조는 태양계산(産) 시가렛을 좋아합니다.
 사실 시가렛보단 파이프, 파이프보단 엽궐련인데 말이죠.
 CNMG 거북은 오른쪽에서 왼쪽으로 문자가 인쇄된 조간신문은 영 읽기 힘듭니다.
 수조에 놓인 시간은 왼쪽에서 오른쪽으로 흐르거든요.
 지구에서 보내온 보성 작설차를 우리는 시간 동안
 하버마스에게 영향을 받은 CNMG 거북은
 마른 유성 조각과 혹성 분말을 주는 손을 기다립니다.
 손이 없으면 거북은 수조 안에서 오로지 책만 읽어요.
 CNMG 행정실에서 수조에게 담배를 권한 건
 거북의 시력을 생각해서였습니다. 지혜로운 결정이었죠.
 펠트천의 달토끼 스티커를 붙여 주기 전까지만 해도 그러한 결정은 필요가 없었습니다.
 분홍 펠트천의 달토끼 스티커는 거북들의 못 말리는 독서에 독설을 퍼붓곤 했거든요.
 예 그래요, 지구는 이제 '사적 유물론'의 시대가 아니니까요.
　이제 오른쪽에서 왼쪽으로 글씨가 인쇄되어 있어도
　석간신문은 그럭저럭 읽을 만합니다.
　하버마스에게 영향 받은 거북은
　달토끼를 제거해 달라고 요청해 왔습니다.
　달토끼 스티커 건은 행정실 비서의 실수였다고 정중히 사과했더니
　거북은 너그럽게도 용서했습니다.
　덕분에 수조에서 있었던 달토끼의 독설은 없던 것이 되었죠.
　스티커는 스티커일 뿐이니까요.
　이런 것이야말로 유니버스 심플 라이프지요.
　수조는 태양계산 시가렛을 좋아하고
　거북은 지구에서 온 신문을 읽고 철학책을 독파합니다.
　지구에서 무슨 일이 벌어져도,
　심지어 미국이 북한과 연합해 핵탄두 미사일을 개발한다 해도
　거북은 다 이해합니다.

벌써 N1태양이 지고 N2태양이 떠오를 시간입니다.

CNMG에서 이제 달은 별과 다를 바가 없어졌습니다.

'별빛' '달빛'은 각자의 태양이 아침노을과 저녁노을을 만들 때

일시적으로 보이는 하늘의 현상일 뿐이니까요.

점점 늘어나는 위성들 때문에 골치가 아팠는데 잘된 일이지요.

달의 인력이 없어지니 CNMG에는 파도가 없습니다.

파도가 없으니 구름도 없지요. 오로지 수평선만 있을 뿐입니다.

유성 조각과 혹성 분말을 수조에 넣어 주는 손은 반복적이고

CNMG 거북의 세상은 이토록 평화롭습니다.

2부

랜드 하나리

빨간 밭

 수백 마리의 닭 떼들이 꼬꼬거리던 저녁이었는데. 늦은 저녁잠을 자고 일어난 아이는 아무도 없는 집을 나서는데. 엄마와 아빠가 나가 계실 구판장 아래 빨간 밭으로 가는데. 빨간 밭엔 알타리가 심겨 있는데. 밭으로 가는 길은 양계장이 있는 밤나무 숲을 지나가야 하는데. 숲 너머 빨간 밭에는 노을이 지고 있는데. 어둠은 빨간 밭의 노을을 자꾸만 살라 먹는데. 아이는 맨발인데. 이슬 내린 흙을 밟으며 밤나무 숲의 양계장을 지나가는데. 꼬, 꼬, 꼬, 꼭. 닭들이 슬프게 우는데. 어둠은 아이 등 뒤에 이미 다 와 있는데. 아이 눈에만 어둠이 보이질 않는데. 캄캄한 집을 나서니 숲은 더 캄캄한데. 엄마를 불러 보는데. 종종걸음을 재촉할수록 밭은 더 먼데. 아이는 어둠을 데리고 서쪽 하늘 아래 빨간 밭에 도착하는데. 이미 어두워진 밭에도 엄마 아빠는 없는데.

뭉게구름은 침묵을 연주하고

빗물이 흐르고 내 우물엔 무지개 뜨고
우리는 철저히 고철 드럼, 고철 플루트, 고철 피아노 밴드
세션은 녹슬어 가는 철판과 프레스 기계들
코러스 라인은 너트와 볼트, 꺾쇠와 조임쇠
나는 나고 너는 너고 한 번도 너는 나를 볼 수 없고
우리는 철저히 고철 드럼, 고철 플루트, 고철 피아노 밴드
피아노, 연주해 봐
빗물이 흐르고 내 우물엔 무지개 뜨고
아가들이 잠드는 시간에 프레스 기계들은 자장가를 연주해
너트와 볼트, 꺾쇠와 조임쇠는 노래하지
내가 네가 되면 안 되는 세계에 살아서 우린 이 지경이 되었어
우리는 철저히 고철 드럼, 고철 플루트, 고철 피아노 밴드
경계는 분명하고 경계가 있어야 합주가 가능하지
플루트, 연주해 봐
빗물이 흐르고 내 우물엔 무지개 뜨고
막대 사탕을 빨며 지나가는 저기 저 잠자리⋯⋯ 잠자리 날개를 열 손가락에 끼웠다가

스르르 풀어 주는 그 기분 아니?
슬픈 하느님 같은 기분
나는 아프지 않으면 바보같이 살았을 거야
우리는 철저히 고철 드럼, 고철 플루트, 고철 피아노 밴드
드럼, 연주해 봐
빗물이 흐르고 내 우물엔 무지개 뜨고
변압기가 달린 전봇대 스틱으로 뭉게구름을 견인하고 있어
그런데 너를 미치게 만드는 것이 뭐였니?
음음, 지겨운 노래
두둥둥, 입 닥치고 듣기나 하라고 뭉게구름은 침묵을 연주한다

그래도 또,
빗물이 흐르고 내 우물엔 무지개 뜨고

랜드 하나리의 단풍 이야기
— 1/5

단풍을 좋아해 본 적이 단 한 번도 없어요.
단풍잎의 모양은 딱 보면 아기 손 같고.
여느 나뭇잎처럼 편안하지가 않아서요.
아기였을 때 기억이 전혀 없는 사람들이
처음 아기 손을 잡아 보는 경우를 생각해 보세요.
그건 경미한 공포심을 불러일으키죠.

랜드 하나리엔 단풍나무가 많아요.
 빨간 단풍은 말할 것도 없고, 파란 단풍, 주황 단풍, 노란 단풍, 초콜릿색 단풍,
 단풍, 단풍, 그러면 숨어 있던 '퍼프'라는 이름의 용*이 동굴에서 나오죠.
 사랑하던 꼬마 재키가 어른이 되어 죽어 버렸다고 슬퍼하며
 동굴 속에 들어가 영영 나오지 않던 용이죠.
 '퍼프'는 동굴에서 나와 기지개를 한번 켜고는
 가을 안개도 없는 단풍나무 숲에서 한숨만 쉬다가
 재키가 없는 현실을 깨닫곤 다시 동굴로 들어가 버려요.

불사의 용에게 어른이 되어 버린 재키는
주어를 잃은 서술어일 뿐이죠.
늙어도 늙어도 죽지 않는 '랜드 하나리'에선
단풍조차 늙지 않아요.
늙지 않아서 떨어지지도 않죠.
같은 모양의 손을 달고
늘 매달려 있어야 하는 지루함을
당신은 알까요?

* 피터 폴 앤 메리의 노래 「Puff the Magic Dragon」.

랜드 하나리에서의 산책
— 2/5

이런 저녁엔 맥주도 맛이 안 나고 땅콩도 혀 밑에서 따로 논다.
창문을 열어 봐도 습하고 뜨거운 바람이 들어오고
나는 열대의 밤을 피하려고 랜드 하나리로 들어간다.

하늘은 에메랄드 빛이고
나는 혼자 걷고 있다.
꼬리가 빨간 잠자리들이 날아다니고
살랑살랑 바람이 분다.
일찍 핀 코스모스들이 서둘러 하늘로 하늘하늘 올라가는 풍경 속에
길가의 풀들은 조금씩 지쳐 가고 있다. 내년의 씨를 만드는 중인지도.

한가로운 랜드 하나리의 산책 중에
산소 앞에서 우는 여인을 만난다.
우는 여인은 히잡을 쓰고 있다.
랜드 하나리에서 우는 여인을 만나다니!
왜 울죠?

일찍 왔다 가 버리는 코스모스들을 애도 중이에요.
랜드 하나리에선 '울음'은 금지되어 있다는 걸 모르시나요?
그래서 히잡을 썼답니다. 히잡을 쓰고 우는 건 허용되어 있어요.

내가 알지 못하는 '하나리의 우는 법'을 알고 있는 여인에게서
애도의 방식을 배우고 산책을 계속한다.

방충망 위로 고추잠자리가 죽은 채 붙어 있다.

랜드 하나리의 '함부로'
— 3/5

ENO*의 시절이 있었다
한 여인이 있었고
여인은 수각류의 공룡이 진화한 듯한
맹금류의 눈동자를 가지고 있었다
그 눈동자를 한 번이라도 쳐다보기만 하면
누구나 '함부로' 사랑에 빠졌다

'함부로' 사랑에 빠진 대가로
질투를 섭렵하고, 증오를 섭렵하고
갈등을 섭렵하고, 오해를 섭렵하고
미련을 섭렵하고, 포기를 섭렵하고
애증을 섭렵하고, 마지막으로
용서를 섭렵했다

그런 후에도 나는
곧잘, 다람쥐 눈동자를 가진 아이를 수태하였지만
번번이 유산되었다

유산된 다람쥐 눈동자를 가진 수정란들이 우주의 허공

에서

  계속 세포분열을 하는 꿈을 마흔아홉 번 꾸고 나니
별들이 왜들 그렇게 쓸데없이 유성이 되고 마는지
알게 되었다

* 브라이언 이노(Brian Eno)와는 관계없음.

랜드 하나리에서 오리들의 갸우뚱 피겨스케이팅 대회
— 4/5

오리가 풍선을 타고 가다 하늘을 찢고 우주로 날아갔어.

파란색 얇은 도화지를 준비 못한 하느님들은 번번이 괴로웠지.
랜드 하나리에서 오리들이 풍선을 타고 날아가다 하늘을 찢는 일은
매일매일 벌어지는 일.

도화지를 준비 못한 하느님들은 검은 우주에 살아.
우주에서 꽁꽁 얼어붙어 숨어 있지.
그래서 투명한 마음이 없는 사람들은
숨어 있는 하느님들을 볼 수 없어.

꽁꽁 하느님들이 숨어 있는 검은 하늘에서
오리들의 갸우뚱 피겨스케이팅 대회가 열리는데,
넘어지는 오리, 자빠지는 오리, 놀란 오리, 화난 오리, 웃는 오리, 우는 오리, 얽히고설킨 오리, 오리, 오리들.
클클클, 깔깔깔, 엉엉엉, 낄낄낄.

오리들의 피겨스케이팅 대회가 절정에 이르고,
검은 하늘에 스케이트 자국을 남기고 사라지지.
그저 모두 즐기면 그뿐.

오리들이 넘어지다 쿡쿡, 찍은 스케이트 자국이 '랜드 하나리'의 별이 된다.

랜드 하나리에서 피에路의 피에로
— 5/5

　웃음을 참을 수 없는 어린아이를 본 적이 있어. 너무 귀여워, 깨물어 주고 싶다. 왜 귀여우면 깨물어 주고 싶을까? 음, 그건. 자기가 아기였을 때 너무 귀여워서 제 엄마한테 깨물린 적이 있어서래. 피에로는 말했다. 피에로는 뭐든지 안다. 명쾌하게. 나는 그래서 갑자기 궁금한 건 뭐든지 피에路의 피에로에게 묻는다. 그런데 피에로는 피에로에서 고민한다. 우스꽝스러워. 웃음을 참을 수 없는 어린아이. 그런 아이를 나는 많이 아는데 모두 깨물어 주고 싶진 않다. 특정한 어떤 어린아이만. 피에로의 체리 같은 코를 확 깨물어 준다. 피가 난다. 놀랍게도. 빨간 피가. 피에로에게도 피가 흐르고 있었어. 피에로는 피에路에서 피를 흘리며 피에로를 고민한다. 우스꽝스럽게 빨간 피가. 왜 귀여우면 깨물어 주고 싶을까? 웃음을 참을 수가 없다. 피에路의 피에로.

외가

솜사탕 기계에서 설탕 실이 풀어져 나무 막대에 모이듯 손주, 증손주들이 외할머니 집 툇마루에 모인다.
'달리아'와 '백일홍'과 '맨드라미'가 성한 계절.
'토실', '토돌'이란 이름의 붉은 눈 흰토끼들이 함께한 가족 캠프에
가겟집에서 사 온 아이스크림은 소복한 외할머니 흰 머리카락.

손주, 증손주들 다 떠난 여름밤의 툇마루엔
음력 칠월 보름달 혼자 월식을 하고
솜사탕은 너무 금방 녹는다.

어린 나무

나 어릴 때 창문 아래 살던 작은 나무야
나는 오늘 너를 생각해
너는 서쪽 창가에 언제나 있었지
하늘이 조금씩 붉어질 때 너는
내가 어린 나무란 게 참 좋아, 하고 말했지
난 그 말을 금방 알아들을 수 있었어

아이들은 학교에 가고 엄마 아빠는 밭에 나가고 너는 내 창문 아래 서서 하늘에게 모두의 안부를 길어다 주었지 찐 고구마를 부엌 쥐가 먹어 버린 것과 엄마의 커피를 몰래 타 먹다가 프림을 다 엎지른 일과 오빠의 딱지를 우물에 빠트린 것과 택이네 돼지가 새끼를 낳다가 죽은 일과 구슬치기 하다가 여덟 개가 시궁창으로 빠진 일과 우박이 갑자기 쏟아져서 아욱 잎이 찢어진 일들……

　오늘은 너를 생각해
　작은 잎새랑 그 잎새를 흔들던 바람이랑은 이제 어디로 떠났을까?
　네 잎을 먹으며 점점 뚱뚱해지던 애벌레도

나비가 되어 돌아오지 않겠지

서쪽 창가의 어린 나무야
나는 오늘 너를 생각해
하늘은 그때처럼 붉어지지만 아이들은 돌아오지 않아
오지 않는다는 건 기다리지 말라는 얘기
기다리면서 어린 나무는 늙어 가니까

심장
— 잃어버린 혹은 잊어버린 보라 구슬

내 구슬 혹시 못 봤니? 작은 보라 구슬인데…… 피어싱할 때 귓불에 박는 작은 심장이라고 하면 알아들을 수 있을까? 가끔 그것을 내가 잃었는지 잊었는지 헷갈릴 때가 있어. 세상 참 편해졌다고들 하지만 말야, 당신도 알다시피. 그런 것까지 구분하며 살기엔 불편한 세상이잖아. 편한 세상에서 할 수 있는 것은 한정되어 있으니까. 아무런 생각 없이 돼지처럼 먹어 대는 것과 지독한 발 냄새를 풍기며 늦은 밤 퇴근하는 것. 야간 홈쇼핑 채널을 돌려 가며 오늘은 무얼 살까 고민하는 것. 쇼핑 카탈로그에서 찜해 놓은 물건을 기다리는 일. 그리고 잠든 아이의 이마에 입맞춤하는 것. 잠든 아이는 깨어나도 간밤에 누가 제 이마에 키스를 하고 갔는지 알 수도 없게 되는 일.(그런 아이들은 쑥쑥 자라나 22세기 뉴프런티어가 될 테지.) 그것만이 이 편한 세상에서 우리가 누릴 사치지. 그것은 남몰래 흘리는 눈물과 비슷해. 어쩜 같은 건지도. 산산조각 나 버린 마음들이 저희들끼리 그늘에 꽁꽁 숨어 있다가 아무도 모르는 사이 둥글게 뭉쳐져서 만들어진 것이니까. 세상에서 당신이 제일 좋다고 말하는 연인들에게 굴러가기도 하지만, 그건 정말이지 가끔 일어나는 일. 그래도 조금의 양심이 남아 있다면, 싹 나지 않은 상추씨만 한 양심이라도 있다면 그래야만 하지. 그런데 정말 내 구슬 못 봤니?

심장
— 세차장의 뱀파이어들

 새벽 세차장의 소음을 참아 가며 바라는 것은 그것뿐이었습니다.
 햇살 따가운 어느 날 롤리팝 바지를 입은 날씬한 자전거가 우리에게 말을 걸어왔을 때 이렇게 말했습니다.

 우리에겐 새벽도 없고 아침도 없고 낮도 없고 밤도 없다고. 그러니 살 일도 죽을 일도 없다고.

 그래도 우리에겐 항상 '거짓말'이라는 양심적인 창문이 있기에 왈라키아에서 살지 않아도 '시인으로 태어나서 도둑으로 살다가 흡혈귀가 되어 죽을 운명'*이기에 새벽녘 안개비 속에서 꼭 더러운 자동차를 닦아야만 하는 사람들 속에서 유유자적하며 세상에서 가장 아름답고 깜짝 놀랄 만한 거짓말들을 만들어 내기 시작한 것이었습니다.

 닦아야 할 청동거울은 도시 먼지에 얼룩진 자동차라는 현실에서 바라는 것은 그것뿐. 새벽 세차장의 소음을 가루 내어 분말 세제처럼 우리의 심장에 뿌려 주는 것 말입니다.

*『카자르 사전』에서 인용.

심장
― 죽은 줄 알았는데 살고 있는 소심한 w양

 터무니없이 사소한 말에 찔려 죽은 사람들이 있지. 그런 사람들은 너무 소심해서 자기가 죽은 줄도 모르지. 그의 직업은 할 일 없는 시골 면사무소 직원, 업무량 과다로 박카스D 장기 복용자가 되어야만 하는 은행의 창구 여직원, 지지리도 피아노 못 치는 아이들만 등록하는 피아노 학원 선생이고, 뿌려도 줄지 않는 나이트클럽 전단지 뿌리는 알바생, 계획에 없던 임신을 하게 된 대학 1학년생 여자애지. 당신도 모르게 내뱉은 어떤 무심한 말 한마디는 검은 비닐하우스의 무순처럼 자라나지. 당신의 부러진 이쑤시개만 한 공허가 날아가 누군가에게는 벼랑 끝 슬픔이 되지. 뽑을 수도 없고, 가릴 수도 없는. 죽은 후에도 전기밥솥의 코드를 꽂아 쌀을 안치고, 김치를 담가 밥을 해 먹어야 하는 일과 같지. 성가셔 죽겠지. 죽고 나서도 죽겠다고 엄살이지. 소심한 w양은.

단정하지 못한 단 하나의 문장

너를 생각하면서 이 문장을 쓴다.

생, 이라고 쓰면 나는 생강의 톡 쏘는 쓴맛,
그리고 비닐하우스 안의 정사를 생각한다.
겨울날, 경험해 보지 못한 것들은
나를 가두거나 풀어 준다.

생, 이라고 쓰면 나는 질긴 고무줄.
빚을 지고 허덕이다 젖먹이를 버리고 떠나는
누군가의 뒷모습.

너를 생각하지 않으면 이런 문장도 떠오르지 않겠지.
바보, 라고 말해 버리면 그 순간 나는 바보.
똥개, 라고 말해 버리면 그 순간 나는 똥개다.

단정하지 못한 단 하나의 문장을 얻기 위해
나는 지금 너를 생각한다.
너는 오늘 밤, 빛나는 오리온을 생각했을까?

그런 생각도 한다.
비닐하우스 안에서 누군가 사정하며 생을 빌릴 때도
오리온자리에서 알 수 없는 빛이 흘렀지.
그 빛을 평생이 빗으로 누군가는 허덕이며 간다.
단정하지 못한 단 하나의 문장을 향해.

생. 헐떡헐떡.

3부

가벼운 마음의 소유자들

낭만 사회와 그 적들
— 수선화 화원의 설리번 선생

　설리번 선생, 그것은 버려졌고 던져졌고 기진맥진해 있습니다. 놀 땐 아무도 미워하지 마세요. 살아가는 일은 역시 싫은 사람들 투성이인 감옥이라고 여우에겐 말해 봤자 소용없어요. 그들도 한 패거리예요 설리번 선생. 그건 누구나 그래요. 낭만을 지리멸렬한 언어로 표현할 때 흔히 빠지는 실수죠. 그때 연미복 차림의 제비들은 지나친 게 아니었습니다. 그들은 할 만큼 했어요. 봄 따윈 과거분사라고 모두에게 실토했죠. 예, 그래요. 낭만에 빠질 때 흔히 저지르는 실수일 뿐이라구요. 이 사회에선 이제 버려졌고 던져졌고 가망 없이 쓰러졌다구요. 그런 생각은 누구나 들잖아요? 안 그래요? 당신만이 특별하다고 생각하지 마세요. 거기 수선화 꽂혀 있는 양동이 좀 갖다 주시겠어요? 예, 그만 그만, 알았어요 알았다구요. 그러니 이제 그것에 대해선 한마디도 지껄이지 말아 주세요. 아셨죠? 설리번 선생?

낭만 사회와 그 적들
— 낮달들은 잊혀진 별자리를 그리워하고 무당벌레들이 윙윙거리는 오후, 분꽃 정원 십자로에서의 회고담

그는 남극에서 오지 않았다. 그런데 남극에서 온 사람으로 오해받으며 분꽃 정원에 살고 있다.

그에게선 항상 참나무 숲의 냄새가 났다. 그는 허리를 숙여야 들어갈 수 있는 작은 집에 살았다. 버섯 기둥의 지붕에는 이끼가 얹힌, 포트메리온 찻잔에나 그려진 야생화로 창문과 현관이 장식된 그런 작은 집이었다. 그의 집 이층 창가에서 내려다본 정원의 십자로에선 공기의 움직임이 훤히 보였다. 오로라 빛깔이 입사된 그 공기들은 안개는 아니었는데 프리즘 효과를 내었다.

그는 항상 털신을 신고 있었고 귀마개를 하고 다녔다. 그러나 그가 신은 털신과 귀마개가 이끼로 만든 것이라고 알고 있는 이는 아무도 없었다.

가끔 그의 작은 집으로 낯선 이가 찾아왔다. 이방인의 발소리에 신경질적인 분꽃들은 저녁도 아닌데 작은 꽃잎들을 후두둑 떨어트렸다. 이방인이 지나간 자리엔 살얼음이

얼어 있었다. 참나무 숲의 작은 집을 찾아오는 이방인들은 어두운 얼굴들이었다. 정원의 나비들은 이방인이 남긴 얼음 발자국 주위로 날아들며 소란을 피웠다.

 소란은 금세 누그러졌지만 분꽃 정원 십자로에선 그 정도의 소란으로도 공기의 흐름이 엉망이 되어 버렸다. 가지런한 무지개 프리즘이 뒤엉켜 흐리멍덩해지는 의혹의 시간이 지나고 나면 분꽃 정원의 꽃들은 까만 씨를 뱉어 내곤 했다.

낭만 사회와 그 적들
— 파란 별 장군과 군인 아파트 아이

군인 아파트에 사는 아이가 있다.
아이의 아버지는 파란 별 장군. 입술이 더러운 자들의 혀를 빼다 피클로 만들어 준다는 장군은 얼굴이 반쯤 녹아내린 남자다.

장군은 처음 만나는 사람들에게 자신을 이렇게 소개한다.
"가벼운 기침엔 하루에 세 번, 연속 기침엔 하루에 네 번, 발작적인 기침엔 수시로 셀프 키스를 해야만 숨을 쉴 수 있는 곳에서 왔습니다."
남의 이야기를 씹던 껌 뱉듯 쉽게 하는 이들은
악수를 청한 장군과 웃으며 마주 잡은 손을 흔들고는 뒤돌아서서 이렇게 말한다.
"파란 별 장군의 아이는 아버지의 별에서 오지 않은 것이 분명해."
증거는 없지만 누구도 그 이야기를 부정하지 못한다.

군인 아파트의 아이가 미소 지을 때면
차르르르르르, 차르르르르르……
사시나무에 걸어 둔 삼천 개의 탬버린이

바람에 흔들릴 때 같은 소리가 난다.
그 미소의 소리를 들으면 누구나
이런 욕망을 참을 수가 없는 것이다.
— 오랜 시간 공들인 짝사랑을 마구 깔아뭉개고 싶은, 더러운 침을 제 입술에 자꾸 바르고 싶은, 그리고 연두부 같은 입술을 지그시, 확 깨물어 버리고 싶은, 끝내는 제 입술에 흐르는 비릿하고 달콤한 피의 맛을 보고 싶은.

막다른 골목에서 만날 파란 별 장군을 대처할 방법은 오직 하나
입술의 피를 얼른 빨아 먹고 가벼운 미소를 지으며 지나가는 것이다.

낭만 사회와 그 적들
— 메리 포핀스 해상에서의 전쟁

메리 포핀스 해상에서 격추당한 전투기들이 비처럼 내리그으며 바다에 떨어지고 있다. 분꽃 정원 십자로에서 파견된 꿀벌들이 추락한 전투기들의 블랙박스를 열어 보니 암호문이 들어 있다. 암호문은 뿔이 달린 고래들과 귀는 있어도 입은 없는, 극에서부터 극까지 쇄빙선을 타고 도달한 자들만이 해독할 수 있을 이야기들. 그러나 어느 순간 이 세상 모든 이들이 '곤충의 말을 알아듣지 못하게 될 때'* 암호문은 해독되지 못한 채 자동 폭파된다.

바다에 떨어지는 전투기의 잔해는 초신성처럼 빛나다 순식간에 얼어붙어 버렸다.
이 세계는 이제 얼어붙은 하늘.
암호문은 폭파되고 누가 이 하늘을 녹여 줄 것인가.

수평선 너머로 일각고래 한 마리 유유히 날아온다.
메리 포핀스 해상에서
이제부터 본격적인 전쟁이 시작된다.

* 파멜라 린든 트래버스의 『메리 포핀스』에서.

낭만 사회와 그 적들
── 파도바 해부학 극장의 야근

자무시 씨, 오늘도 야근이래요. 파도바 해부학 극장은 요즘 내내 불이 꺼지지 않고 있어요. 오늘 밤 안으로 열어야 할 뱃속은 대체 몇 박스인 건지. 주문받은 물량을 내일 아침까지 해치워야 휴가를 떠나는데. 오늘도 우린 박카스 세 병을 마시고 설사하듯 손을 놀려야 해요. 성수기에 수주 물량을 다 채워 줘야만 휴가비를 받고 휴가를 떠나거든요. 말리부의 댓잎 지붕에 앉아서 야자 음료를 마시는 꿈을 꾸며 손만 움직이면 돼요. 다른 극장에서 일하는 롤리폴리는 안개 부근에서 이미 오전 10시로 떠났다는데. 파도바 해부학 극장에선 날마다 밤샘 작업. 파도바 해부학 극장에선 더 이상 해부학 쇼가 벌어지지 않는답니다. 꽤 오래되었죠. 관객들은 AV 필름과 호러 필름에 쏠려 이젠 해부학 극장의 쇼 같은 건 보러 오지 않아요. 그래서 안방에서도 해부학 쇼를 즐길 수 있도록 '열어 놓은 배'를 진공포장해서 판매하고 있답니다. 올여름 히트 상품이에요. 열어야 할 뱃속은 창고에 가득 쌓여 있고. 꼭 데리러 온다고 새끼손가락을 걸고 떠난 비행선은 언제 올지 기약이 없고. 해부학 극장엔 오늘 밤도 불이 꺼지지 않아요.

가벼운 마음의 소유자들
— '올드밤비'의 마지막 새끼 곰

그 방에 있는 무릎 담요엔 '올드밤비'라는 이름의 곰과 일흔여덟 개의 별을 안고 있는 새끼 곰이 그려져 있다.

'올드밤비'에겐 새끼가 여덟 마리 있었는데, 일곱 마리는 돌 전에 죽고 마지막 새끼 곰만 남아 있다. 새끼 곰은 일흔여덟 개의 지구를 가지고 있다. 새끼 곰의 지구엔 한국이 있는 지구도 있고, 한국이 없는 지구도 있고 한국이 없는 지구엔 태평양이 스무 개가 있고 태평양만 스무 개가 있는 지구엔 봄이면 황사가 오는 나라가 없고 야경이 아름다운 마천루를 가진 도시도 없다. 죽은 새끼 곰들은 연어를 먹다 돌연사 했는데, 연어 내장에 든 치명적인 양의 다이옥신 때문이라고 경찰청에서 파견된 과학수사대의 검시관이 말했다. 검시관이 소속된 과학 수사대는 오늘도 원인 모를 돌연사들의 사인(死因)을 정리해서 경찰청에 보고했다. 경찰청에선 보고문을 신문사에 제보했고 신문사에서는 경찰청의 제보를 거절했다. 그러한 사건 사고는 흔해 빠져 더 이상 기삿거리도 되지 않는다는 요지의 글을 답신으로 보낸 것이다.

전쟁이 나도 올림픽은 열리고 올림픽에서 종합 우승을 한 나라가 어떤 지구의 패권을 장악한다. '올드밤비'의 마지막 새끼 곰이 가진 일흔여덟 개의 지구 중에 한 개의 지구에만 그런 일이 생기고 있다. 어떤 지구엔 미국도 없고, 중국도 없고, 영국도 없고, 프랑스도 없고, 일본도 없고, 예멘만 백스물두 개가 있고, 에티오피아와 브라질이 각각 세 개씩 있다. 모두 고급 아라비카 커피콩이 생산되는 곳이다. '올드밤비'의 마지막 새끼 곰이 아끼는 지구는 그런 지구였다. 그런 지구엔 달도 세 개씩 뜬다.

'올드밤비'는 경찰청의 보고문이 믿기지 않았지만, 그렇다고 딱히 할 수 있는 일도 없었다. 다이옥신에 절여진 연어 때문이 아니라면 일곱 마리 새끼 곰들의 사인은 오리무중에 빠질 것이다.

그 방에서 나는 무릎 담요를 어깨에 두르고 초승달과 보름달, 그믐달을 동시에 바라보며 새끼 곰이 가장 아끼는 지구에서 생산된 커피콩을 핸드밀에 넣고 핸들을 돌리기 시작했다.

가벼운 마음의 소유자들
— 내 작은 지미니 크리켓*에게

지미니 크리켓, 우리는 더 이상 나빠질 수 없어. 늘 기운이 없는데도 라디오에서 왈츠곡이 나온다면 춤을 추지. 정식으로 고백하자면, 이번 생에선 너를 마음속에 간직하고 살기엔 힘들겠어. 그러기엔 우리의 생활이 꼬깃꼬깃하거든.

밥 대신 사탕만 주는 엄마가 있어. 그날따라 엄마는 6시에 일어나 맛없는 딸기에 유통기한이 하루 지난 우유를 넣고 딸기 셰이크를 만들어 아이에게 줬어. 물론 아이는 배탈도 안 나고 레고 블록으로 우주선을 만들었지. 아이가 만든 우주선을 타고 엄마와 아이는 '프라이왈라힐라'로 망명을 떠났지. '프라이왈라힐라'에선 개나리가 거꾸로 피어 있었어. 거꾸로 핀 개나리는 작은 종들을 뒤집어 놓은 꼴이었지만 엄마와 아이는 즐거웠지. 꽃들의 운명을 잘 모르니까. 즐겁기만 했어.

엄마들과 아이들만 망명 오는 '프라이왈라힐라'에 대해 이야기를 하는 건 여기선 불법이야. 우리는 결국 감옥에 가야겠지. 얌전히 감옥살이를 해야 할 거야. 탈옥하여 보리 이삭을 넣어 두던 자루를 입고 비 오는 시골길로 도망 다니는 것보다야 감옥에 있는 편이 낫거든. 적어도 감옥에 있으면 맛없는 오트밀 스프일망정 굶지는 않으니까. 굶은 적이 없는 사람들만 탈옥을 결심하지. 아니면 굶기가 버릇이 된 자들이든가. '자유'와 '굶기'는 짝꿍이거든. '자유'와 '배부른 것'을 고르라고 하면 막상은 다들 '배부른 것'을 선택하지. 배가 고프면 아이들은 울잖아. 그래서 엄마들과 아이들에겐 자유가 없어.

지미니 크리켓, 여기선 아빠들이 법을 만들고 엄마와 아이는 그것을 지키지. 심지어 미혼자들까지 아빠들의 법을 지켜야 해. 그런데 아빠들은 법을 안 지켜. 법을 지키고 살기엔 아까도 이야기했지? 꼬깃꼬깃한 생활. 솔직히 제일 불쌍한 건 아빠들이야. 골머리 썩어 가며 자신들은 지키지도 못할 재미없는 법을 만들어야만 하거든. 우리에게 '만약'이란 것은 없어. '만약'이란 유통기한 지난 우유가 사실은 광우병 소의 병든 우유라는 걸 알지만 버릴 수는 없는 상황과 같지. 음식을 버리는 것도 범법 행위야. 그래도 만약 엄마가 6시에 일어나지 않았다면, 그리고 집에 맛있는 딸기가 있었다면, 신선한 우유가 있었다면, 아이는 레고 블록으로 우주선도 못 만들고, 엄마와 아이. 그들은 영영 '프라이왈라힐라'를 모르고 살았을 거야. '프라이왈라힐라'에선 아이들이 법을 만들고 엄마가 법을 공표하고 아빠들이 그것을 지키지. 미안한 이야기지만 말이야. 아무도 '프라이왈라힐라'에 대해서 모르고. 지미니 크리켓, 너에 대해서도 솔직히 관심 없단다.

---

* 디즈니 애니메이션 「피노키오」에서 피노키오의 양심 역할을 하는 귀뚜라미.

가벼운 마음의 소유자들
— 어떤 개의 나이

'푸른 밤공기'라고 썼어. 너에게 쓰는 첫 편지, 첫 문장. 기억도 나지 않는 시간의 저편으로 텅 빈 버스가 지나가고 풀벌레 우는 소리. 쓰르륵, 싹싹. 고무지우개 지나가는 소리. 살살 종이가 벗겨질 강도의 초여름 올망대 뿌리를 캐는 어떤 손. 미끈한 논바닥을 긁는 삽의 느낌. 너에게 쓰는 첫 편지, 첫 문장의, 1만 개의 풍선이 한꺼번에 5월의 운동장 하늘 위로 풀어지는 소리. '지겹다'는 말을 잘 쓰는 지금으로선 그 첫 문장이 안드로메다처럼 낯설고 멀다. N극과 S극이 한 몸에 있는 막대자석 같은 그 고무지우개. 내가 처음으로 '푸른 밤공기'라고 쓸 수 있었던 그 저녁. 어쩌면 밤, 아니면 새벽, 혹은 안개. 지우다 말고 쓰고, 쓰다 말고 지우고. 그래서 너덜너덜 해진 어떤 종이, 찰과상 입은 종이. 피 대신 어둠, 뚝뚝 부러지는 연필심. 썼어. 그래, 썼지. 쓰고 또 쓰고. 지웠어. 그래, 지웠지. 다만 벗겨진 종이. 나 대신 나이를 먹는 종이. 어떤 개의 나이.

가벼운 마음의 소유자들
— '우용'과 101호의 개

짖는다, 짖다
말고 엘리베이터의 버튼을 누르고
잉글랜드, 잉글랜드.

접은 우산대로 두 번.
배전함을 친다.
짖다 말고 올라가는.

101호의 개는 떤다.
떨다 말고 소리.

소리 속에 소리 속에 소리.
멀리서 잉글랜드 정원 속에 엘리베이터.
올라간다. 올라간다.

누군들 어딘들, 놀랍고도 친근한,
'우리'라고밖에 말할 수 없는
배전함 안과 밖.

'우용'은 여섯 살, 개의 나이는 모른다.
101호에 사는 것밖에는
그리고 짖는.

가벼운 마음의 소유자들
— 얼룩무늬 조로, 웃기지도 않은 웃긴 개

얼룩무늬

몸을 감추려 들어갔다 몸을 뺏기고 나오는 그런 수풀이 있다지.
거기에 들어가면 원하든 원하지 않든
몸을 뺏기는 순서는 다음과 같다.
감춘다, 벗긴다, 사라진다.
바람이 부는 순서와 같지.
얼룩무늬에 우린 쉽게 현혹되고 그다음 순간 늙어 버리지.

조로

슬픔을 빨아서 빨랫줄에 걸어 놓았어. 마침 비가 오고 슬픔은 비에 흠뻑 젖었고. 슬픔을 쪽쪽 빨아 한입 먹고 다시 선반에 올려 두고. 먼지 탄 그것을 다시 빨아서 빨랫줄에 걸어 두고 마침 지나가는 햇살 반짝 해 주니 바짝 마른 슬픔. 멀리서 몰려오는 먹구름 소리.

웃기지도 않은

그런 일은 흔하디흔해 아무도 주목하지 않는 일. 누군가를 좋아하고 밤을 잊어버리고 낮을 밤인 듯 혼몽하게. 인사하고 키스하고, 또 키스하고 인사하고 헤어지지. 그런 일이 습관적으로 일어나면 나중엔 웃을 시간도 없고 울 시간만 생기지. 그러다 누군가를 미워하고 밤을 잊어버리고 낮을 밤인 듯 캄캄하게. 인사 없이 키스하고, 또 키스하고 인사 없이 헤어지지. 웃기지도 않은.

웃긴 개

바람이 부는 순서를 까먹은 개가 있어. 웃기지도 않은 조로. 그래서 조로, 원하는 게 뭐니? 아무도 답할 수 없는 물음을 한가득 입에 물고 슬픔을 쪽쪽 빨다 뱉어 버린다. 뱉은 슬픔엔 살짝 비린내가 난다. 뱉어 버린 슬픔이 녹아 웃긴 개로 자란다.

가벼운 마음의 소유자들
— 대낮의 사람

코끼리를 키우는 사람입니다
입술에는 있고 혀에는 없습니다
해님에겐 있고 해바라기엔 없습니다
물음표엔 있고 느낌표엔 없습니다
구름에는 있고 바람에는 없습니다
코끼리를 키우는 사람입니다
에스프레소를 마십니다
시럽을 넣어 마십니다
시럽엔 있고 설탕에는 없습니다
당신에겐 있고 나에겐 없습니다
코끼리를 키우는 사람입니다
상아가 붉은 코끼리입니다
실연할 때마다 조금씩 빨개지더니
이제는 완전한 붉은색입니다
코끼리의 상아가 노을색이었을 때
처음으로 나에게 데이트를 신청했습니다
우리의 데이트는 점점 붉은 어둠입니다

입술엔 없었고 혀에는 있었습니다

물음표엔 없었고 느낌표엔 있었습니다
해님에겐 없었고 해바라기엔 있었습니다
구름에는 없었고 바람에는 있었습니다
시럽에는 없었고 설탕에는 있었습니다
당신에겐 없었고 나에겐 있었습니다
실연 전담 코끼리를 키우는 사람입니다
대낮의 사람

가벼운 마음의 소유자들
— 철심 교정기의 소녀

공격적인 성향의 사람들은 대부분 그렇지요
누가 쏘기 전에 쏘거나 누가 찌르기 전에 찌르거나
흘리는 것은 피가 아닌 철심, 철심들
철심 교정기의 소녀가 사랑에 강한 이유가 있다
그녀는 제라늄의 운명을 잘 안다
태어나자마자 강제로 흩어진 쌍둥이들처럼
한 명은 부다페스트로 한 명은 아이티 섬으로
부다페스트엔 늘 비가 내렸고
아이티엔 햇살이 칼같이 쏟아졌다
나는 부다페스트의 소녀와 사랑에 빠졌고
너는 아이티의 소녀와 사랑에 빠졌지
이런 사랑은 백전백패
마음이 추운 사람들에겐 아무리 담요 마음을 둘러 줘도
춥지
찌르기 전에 찌르고 쏘기 전에 쏘는
추운 마음의 철심, 철심들
그러나, 제라늄의 운명을 알기 전에는
함부로 이야기하지 말자

부다페스트엔 늘 비가 내렸고
아이티엔 햇살만 칼같이 쏟아졌다

가벼운 마음의 소유자들
—린넨 버드 로빈 코코아 그리고, 때 전 사탕 양말

배추흰나비의 애벌레 시절에
똑똑똑 물방울 피아노 소리를 들으며 깨어난 솜국(國)의 별씨(氏) 금나라 양은
린넨 버드 로빈 코코아 그리고 때 전 사탕 양말을 가지고 태어났다

어디선가 독이 든 버섯 균사들이 썩어 가는 것들의 생을 탐하며 벌이는 각축과
모르는 말들과 아는 말들이 서로를 치고받고 부둥켜안기도 했다가 뒹굴고 뒹굴고 뒹구는
크리스마스와 석가모니 탄신일같이 봄과 겨울의 어떤 기념일에만 용서와 자비를 생각하는
린넨 버드 로빈 코코아 때 전 사탕 양말은 본다 세상의 모든 상심(傷心)들은 볼 수 없는 채

코바늘로 뜬 눈의 결정 모양 도일리처럼
한 코에서 시작했지만 모든 코를 잃어야 완성되는 그 마음의 가장자리들
솜국의 별씨 금나라 양은 세상에서 가장 가볍고 시시하

고 섭섭하지 않은 이별 방식을 잘 알고 있지 크리스마스와
석가모니 탄신일엔

   린넨 버드 로빈 코코아 그리고 때 전 사탕 양말을!

가벼운 마음의 소유자들
── 히치콕의 5단 서랍장

히치 콕, 히치 콕, 히치 히치 콕, 콕. 히치콕의 5단 서랍장을 열기 위한 주문입니다. 바늘방석 열두 개와 18인치 새장 여섯 개를 준비하고 주문을 외웁니다. 히치 콕, 히치 콕, 히치 히치 콕, 콕. 첫 번째 서랍을 열면 남자 와이셔츠와 티셔츠가 무도회를 열고 있습니다. 넥타이도 없이 셔츠들이 흔들흔들 현악 사중주에 취해 흐느적거리고 있습니다. 더 이상 지루한 음악과 춤에 흥미 없다면 두 번째 서랍을 열면 됩니다. 열자마자 검은 새들이 푸드득 지옥을 막 빠져나온 죄인들처럼 날아갑니다. 변명을 듣고 곤욕을 당한 마음들이 서랍에 숨어 있다 나오는 중입니다. 날아갔다가는 준비한 새장 속으로 차곡차곡 들어옵니다. 놀라셨다면 히치 콕, 히치 콕, 히치 히치 콕, 콕. 세 번째 서랍이 마련되어 있습니다. 세 번째 서랍에는 푹푹 삶아 빨아 여섯 번 접어 놓은 면 기저귀들이 얌전히 들어 있습니다. 베이비파우더 향이 나는 아기 내복이랑 공갈 젖꼭지도 놓여 있습니다. 공갈 젖꼭지를 쪽쪽 빨면서 히치 콕, 히치 콕, 히치 히치 콕, 콕. 네 번째 서랍도 열어 봅니다. 네 번째 서랍에는 여자의 파란 슬립과 검은 브래지어, 흰 면 티셔츠 몇 장과 청바지가 들어 있습니다. 청바지와 브래지어가 서로의 지퍼와 훅을 잡아당기며 싸우고 있습니다. 뒤죽박죽 엉망진창입니다. 구석의 양말들이 쪼르륵 앉아 흥미진진 싸움 구경을 합니다. 현기증이 일고, 히치 콕, 히치 콕, 히치 히치 콕, 콕. 다섯 번째 서랍을 열어 봅니다. 그런데 다섯 번째 서랍은 텅 비어 있습니다. 텅 빈 다섯 번째 서랍에 바늘방석을 넣어 두고 서랍을 닫습니다.

가벼운 마음의 소유자들
— 베로니카*의 손수건과 그노시스**의 손수건

    오후 2시, 한가해 보이는 중년의 아주머니 두 분이 가게 문을 열고 들어왔어요. 스와로브스키 스톤이 촘촘히 박힌 메달 두 개와, 이태리 체인을 한 개 사 가구요. 오후 4시쯤 피어싱 하려는 10대 세 명이 왔는데, 한 녀석은 왼쪽 귀에 이미 네 개의 피어싱을 달고 있었어요. 다섯 번째 피어싱 자리를 소독해 주고 아이들이 가고 나니 손님이 없었어요. 라디오를 켰더니「Amazing Grace」***와「Origin of Love」****가 흘러나왔어요. 음악을 들으며 쇼케이스를 닦고 있었는데요. 저녁 7시 30분 '예수 천당 불신 지옥'을 목에 건 광신도가 시끄럽게 지나갔어요. 8시가 되자 30대 남자가 들어와 화이트 데이에 여자 친구에게 줄 거라며 선물을 찾았죠. 커플링을 권했지만 남자는 한참을 쭈뼛대더니 여자랑 같이 오겠다고 하며 나갔어요. 9시가 넘고 손님도 없어서 가게 문을 닫고 가려는데 누군가 택배 상자를 내밀었어요. 서명을 하고 펼쳐 보니 두 개의 손수건이 들어 있어요. 하나는 예수의 초상이, 다른 하나는 헤드윅의 초상이 그려진 손수건이었어요.

* 베라 이콘(vera icon, 참된 모습)이라는 라틴어에서 유래된 그리스도교의 성녀 이름. 골고다로 향하는 예수의 피와 땀으로 범벅이 된 얼굴을 손수건으로 닦아 준 여인이 '성녀 베로니카'라는 설이 있다. 그 베로니카의 손수건에 예수의 초상이 나타나고, 그 손수건으로 병든 황제를 치유했다고 한다.
** '인식, 깨달음'이라는 뜻의 그리스어로, 존 캐머런 미첼의 영화 「헤드윅」에서 주인공 헤드윅을 사랑하던 소년의 이름이 '토미 그노시스'이다. 'Gnosis'라는 이름도 헤드윅이 지어 주었다. 헤드윅이 공연 중 키스 마크를 손수건에 찍어 그노시스에게 던져 주는데 그 손수건에 헤드윅의 메이크업이 초상처럼 그려 있었다.
*** 성가 「놀라운 은총」.
**** 영화 「헤드윅」의 삽입곡.

가벼운 마음의 소유자들
— 조난자의 마지막 기억

폭풍우 치는 바다 한가운데 조난자, 조난자를 삼킨 검은 문어, 문어의 먹물과 진흙으로 빚은 흑수정, 흑수정으로 만든 미래를 보는 구슬, 구슬 속에 비친 미래, 미래의 어떤 방에 연탄불이 꺼져 있다. 사남매가 오들오들 떨며 어머니를 기다린다. 어머니는 방물장수. 물건을 팔러 갔다가 폭설을 만나 고개를 힘겹게 넘어오는 중. 연탄불 꺼진 방에 사남매는 밍크 담요를 덮고 있다. 밍크 담요에는 장미와 사슴이 그려져 있다. 사슴은 졸고 있고 장미는 시들어 가고, 어머니는 아직 안 오신다. 사남매는 차가운 방에서 장미와 사슴과 함께 서로의 체온으로 추위를 이기고 있고, 흑백텔레비전에서는 만화 「톰과 제리」를 하고 있다. 제리는 도망가고 톰은 끈질기게도 제리를 쫓는다. 제리는 자기 덩치보다 더 큰 망치를 들고 문 뒤쪽에서 기다린다. 톰이 헐레벌떡 들어오자 제리는 망치로 톰의 발등을 내리치고 달아난다. 재즈밴드의 가벼운 경음악이 흘러나오고, 어머니는 드디어 대문 앞까지 당도했다. 머리와 어깨에 쌓인 눈을 털며 깜깜한 부엌의 흑수정 같은 전구에 어머니가 비치고, 전구에 불이 들어오자 커다란 손가방은 부뚜막에 놓인다. 연탄

집게를 든 어머니. 구슬은 폭풍우 치는 바다 밑으로 가라앉는다.

가벼운 마음의 소유자들
— 어지러운 몇 개의 안부

당신은, 지금 어디에 계십니까?
당신의 안부를 묻기 전에 나의 안부를 전합니다.
나는 안녕하지 않습니다.

달력은 4월이고 여기는 겨울입니다.
만개한 벚꽃들은 사력을 다해 죽어 가고
지쳐 있는 사람들의 뻣뻣한 어깨,
생각 없이 열어 놓은 아홉 개의 지붕,
무책임한 눈이 흩날리고 있습니다.

떨어진 눈이 녹는 지붕 아래
쥐새끼들이 달아나는 모양이 보입니다.
자로 잰 듯, 다니는 길만 다니는 저 쥐새끼들,
꼭 벚꽃이 지듯 우수수.
고뇌는 사라지고 고통만이 남았습니다.
거리거리에 치즈 덩이는 넘쳐나고
그와 함께 고린내도 넘쳐납니다.
 그래도 쥐새끼들은 살길이 막막해서 점점 지하로 숨어 들죠.

지하 세계는 그렇게 복잡해집니다.
잿빛 털들로 더욱더 어둡고 축축합니다.
태양은 희미해지고 달은 윤기를 잃었습니다.
별은 사라지고 바람은 불지 않습니다.

당신은 어디에 계십니까?
짓밟힌 꽃잎들이 정갈한 꽃봉오리가 될 때까지
바다가 산이 되고 그 산이 다시 바다가 될 때까지
나의 안녕을, 기다리겠습니다.

가벼운 마음의 소유자들
―존 레논의 나날

프리즘을 투과하는 무지개를 처음으로 보았던 때

과학실에서 개구리를 해부하던 시절 수조에서 키우던 물컹한 동그라미 눈동자가 올챙이로 나오는 걸 관찰하던 검은 핵이 쭈글쭈글해지는데 알이 상했는지 알고 수챗구멍에 버리던 설탕을 국자에 녹여 먹다 국자를 태우던 태운 국자를 옷장에 숨기고 창밖을 바라보면 비가 오다 개기 시작했지 하늘은 연두색으로 빛나고

호박을 넣은 수제비를 엄마는 맛있게 끓여 주셨고 수제비를 먹고 피아노 레슨을 받으러 다니던 시절 상했다고 수챗구멍에 버린 개구리 알에서 무수한 올챙이가 나오고 돌연변이 개구리 왕자로 태어나는 꿈을 꾸던 때 개구리를 싫어하면 개구리 왕자랑 결혼해야 한다고 믿던

길가의 코스모스를 꺾어 파티 테이블의 무희들이라 명하고 코스모스 암술이 촛불처럼 켜진 케이크를 잘라 개미 경(卿)들에게 주었지 개미들은 대부분 충직한 신하 그러나 개미 군단이 오선지로 스멀스멀 진군하던 하농을 죽어라 연

습해야만 했던

   색종이를 말아 색동 고리를 만들어 벽에 걸어 놓고 문방구에서 산 반짝이로 크리스마스카드를 만들던 만들기만 하고 아무에게도 주지 않던 색칠 공부 노트와 지구 색연필을 좋아하던 오래된 은행나무와 향나무엔 정령이 살고 있다고 철석같이 믿던 눈이 펑펑 오던 날 향나무 옆을 마구 뛰어가던 시절에

   무지개가 든 프리즘 따윈 들여다보면 안 된다는 걸 그때는 알지 못했다.

가벼운 마음의 소유자들
— 실로폰 양과 데칼코마니 군

데칼코마니 군의 애인 실로폰 양은 연애를 몰라. 그렇게 나 사랑을 해 주어도 사랑받은 적 없다고 시치미 뚝. 실로 폰만 두드린다. 실로폰 양의 실로폰 연주는 늘 형편없지. 빨 강 물감을 도화지에 쭉 짜서 접으면 하트 모양이 된다는 걸 데칼코마니 군이 암만 가르쳐 주어도. 그게 똥이지 하 트야? 그런다. 그리고 언제나 실로폰만 두드려 댄다. 도미 솔, 도파라, 시레솔. 3도 화음에 질려 버린 데칼코마니 군이 묻는다. 우리 처음 만났을 때 기억나? 학교 옥상의 별들이 독서실 책상 위 스탠드처럼 켜져 있을 때. 야자를 땡땡이 치고 문방구 옆 떡볶이 집에 들어갔는데 네가 랭보를 들고 있어서 깜짝 놀랐어. '람보'도 아니고 '랭보'라니. 그때 우린 열아홉 살이었으니까. 스무 살도 아닌 열아홉. 열아홉이, 스 물아홉이 되고 서른아홉이 된다는 걸 그땐 몰랐지. 랭보가 시 쓰기를 그만둔 건 스물도 안 되었을 땐데 우린 왜 여태 살아 있는 걸까? 스무 살이 되기 전에 콱 죽어 버리지 못 하고. 데칼코마니 군은 랭보를 들고 있던 실로폰 양의 입술 가에 흘린 떡볶이 고추장을 습- 빨아 먹으며 고백했지. 우 리 사귀자. 실로폰 양은 연애를 몰라. 데칼코마니 군의 들 이댐이 무슨 의미였는지. 정념에 휩싸인 10대 막차의 가벼운 반항쯤이라고 생각했으려나. 그래도 아직 둘은 만난다. 공원에서 클럽에서 모텔에서 극장에서 쇼핑센터에서. 만난다. 서른아홉이 지나 마흔아홉, 마흔아홉 지나 쉰아홉. 예순아홉의 데칼코마니 군이 실로폰 양에게 묻는다. 우리 처음 만났을 때 기억나? 내가 네 입술을 훔쳤던 그때. 실로폰 양은 듣지도 않고 실로폰만 두드린다. 도미솔 도파라 시레솔. 일흔아홉, 여든아홉. 3도 화음으로 모든 음악을 하는 실로폰 양은 올해 나이 아흔아홉이다.

가벼운 마음의 소유자들
— 왼돌이 달팽이 심벌즈의 방

 소용돌이가 왼쪽으로 돌아간 건 한 쌍의 심벌즈가 시킨 일. 한 쌍의 더듬이, 한 쌍의 귀, 한 쌍의 입술. 서로를 만나기 전까지 소용돌이는 제자리에서 뱅글뱅글.

 깨진 유리를 만날 때, 바위 언덕을 만날 때, 떨어진 낙엽이 조용히 썩고 있는 흙을 만날 때, 아침 이슬이 마르지 않은 채송화 꽃잎을 만날 때, 갈색으로 썩어 가는 목련 꽃잎을 만날 때, 그때마다 사랑을 했지. 내 안의 이쪽 심벌즈가 네 안의 그쪽 심벌즈를 만났을 때 내는 파열음. 작지만 멀리멀리.

 소용돌이 계단은 왼쪽으로 돌아가 있지. 왼쪽으로 왼쪽으로 뱅글뱅글 돌아 들어가면 네가 사는 작은 방. 작은 소파, 작은 책상과 작은 책장. 작은 책장에는 도토리나무 낙엽을 묶어 만든 얇은 시집들이 빼곡하고. 동쪽으로 난 창문과 서쪽으로 난 창문으로 들어오는 아침노을과 저녁노을을 반반씩 나누어 가진 한 쌍의 더듬이, 한 쌍의 귀, 한 개의 심벌즈가 있지.

모두가 오른쪽으로 뱅글뱅글 돌 때, 너는 왼쪽으로 뱅글뱅글. 멀리멀리. 천천히 물기 가득한 날만 골라서 몸을 옮기는. 내 안의 이쪽 심벌즈와 네 안의 그쪽 심벌즈가 만나고 한 쌍의 입술이 드디어 사랑을 나누는. 외돌이 달팽이 심벌즈의 방.

가벼운 마음의 소유자들
— 저글링의 달인

윤기가 자르르 흐르는 검은 털의 고양이 한 마리쯤
발치에 있다면 그림이 좀 되겠네요.

모자는 없는 편이 좋습니다.
흰 드레스 셔츠와 검은 슈트를 꺼내 놓고요,
행커치프는 필요 없습니다.

저글링을 처음 시작한 것은 세 살 무렵입니다.
어머니는 내게 줄 분유를 타 놓은 젖병을 흔들다 떨어트리셨는데
가지고 놀던 패브릭 공을 던진 순간 젖병이 내게 날아든 것이지요.
멈출 수가 없었습니다.
공과 젖병 사이, 그 허공의 찰나를.

그녀가 내게로 온 것은 우연이 아니었습니다.
그녀 또한 내게로 온 것도 우연이 아니었지요.
비 오는 날 찾아오는 그녀와
비 안 오는 날 찾아오는 그녀.

공과 젖병 사이, 그 허공의 찰나에
나는 어쩌면 우울했는지도 모르겠습니다.
주식 시세표와 애인의 결별 문자 사이,
하강도 상승도 없는 곡선과 곡선들

모자를 챙겨야겠습니다.
꺼내 놓은 흰 드레스 셔츠와 검은 슈트를 차려입고요,
행커치프도 필요하겠네요.
발치에 있는 검은 고양이의 목을,
플랫 구두로 지그시 밟아 줍니다.

가벼운 마음의 소유자들
— 액자의 세계

이곳에선 모든 것들이 갇혀 있습니다. 알 만한 사람은 다 아는 사실입니다만, 이곳은 갇혀 있어야 풀려나는 곳입니다.

시계 액자 안에 꽃병 액자가 있습니다. 꽃병 액자 안에 커피포트 액자가 있습니다. 커피포트 액자 안에 나침반 액자와 팽이 액자가 있습니다. 팽이 액자 안에 일곱 살과 아홉 살의 액자가 있습니다.

일곱 살의 액자는 자고 있었고(흑장미색의 벨벳 커튼이 드리워져 있었다는 소리지요.) 아홉 살의 액자 안에는 회색과 흰색을 섞은 뭉게구름과 하늘색 하늘과 동전 모양 해님과 해님 모양 동전을 넣는 뽑기 기계와 껌볼 같은 형형색색의 거짓말들이 있습니다.

해님 모양 동전을 뽑기 기계에 넣었더니 투명 반달 두 개를 붙여 놓은 듯한 볼이 튀어나옵니다. 볼을 열어 보았더니 탱탱 튕기는 파란 고무공이 나옵니다. 파란 고무공은 포물선을 여섯 번 그리더니 다시 액자 속으로 퐁당 들어갑니다.

파란 고무공이 튕겨 들어간 액자 속엔 하늘색 하늘이 있지만, 더 이상 뭉게구름도 해님도 없습니다. 다만 수염 없는 고양이가 있고, 눈썹 없는 부인이 있습니다. 액자 속 모든 사물들에 입이 있지만 아무도 말을 하지 않습니다.

가벼운 마음의 소유자들
— 하늘 가장자리 나라 구름 퀴즈

콜리플라워 구름 속 작은 얼음 알갱이들이 고양이 발톱을 꺼내며
내 마음을 할퀼 때
무굴제국의 왕이 왕비 마할을 위해 지은 묘궁인 양
너는 건들건들 뭉게뭉게 끄덕끄덕 날름날름 휘리릭 샤샤삭

하늘 가장자리 나라에 가 본 일이 있니?
남의 집 딸기 밭에서 딸기를 그냥 막 따 먹고 다닐 때부터
저 산 너머 하늘 가장자리 그 너머에 너머, 그 너머에 또 너머까지 가 보고 싶었다
가 보고 싶은 나라를 가기 위해선 언제나 해결할 수 없는 문제의 산
산은 산 너머 산, 산 너머 산 너머 산 너머 산

여기서부터 퀴즈!
자기 꼬리를 물고 뱅글뱅글 돌면서 으르렁거리는 것은?
하늘은 흰색, 구름은 페퍼민트, 당뇨 환자의 오줌은?
주사액 호스로 역류하는 피는 검은색, 병실 라운지의 창문 새시는?

힌트, 이 모든 일은 먼지 같은 얼음 알갱이들이
　하늘 가장자리에서 땅으로 내려오기도 전에 증발해 버
리는 일
　37초 만에 만들어진 구름이 18초도 되기 전에 없어지는 일

　정답을 아시는 분은 산 너머 구름 속 얼음 알갱이들에게

가벼운 마음의 소유자들
— 팽이의 마음

파도를 움직이게 하는 것은 무엇일까
구름이 흐르고 달이 뜨는 이유는
바람이 불고 별빛은 깜박

제자리를 돌면서
한곳만 돌지 않는

함부로 집어던지면
던져지고
돌리면 돌고
비틀거리다 멈추는
불균형의 균형으로 추는 춤

비가 내리고
파도는 더 거세졌다

늘 제자리인 듯하지만
한곳이 아니어서

파도를 움직이게 하는 것은 무엇일까
검은 하늘과 회색 바다
그 사이를 뱅글뱅글 도는
저 팽이

■ 작품 해설 ■

레인보 몬스터

허윤진(문학평론가)

유형진 시인께: 첫 번째 편지

오래전에 나온 당신의 두 번째 시집 『가벼운 마음의 소유자들』을 우연히 보고 반가운 마음에 저는 이렇게 편지를 쓰고 있어요. 안녕하세요. 저는 아드님인 우용*이와 어렸을 때 함께 '바다의별' 유치원에 다녔던 허윤진이라고 해요. 저를 기억하세요? 어렸을 때 제가 전체 신발장에서 우용이 신발만 정리해 주기도 했는데. 우용이랑 짝을 하는 게 그때는 참 좋았던 것 같아요. 제가 커서 우용이랑 꼭 결혼할 거라고 얘기했던 기억이 나요. 우용이는 잘 지내고 있겠죠? 모쪼록 안부 전해 주세요.

---

* 「가벼운 마음의 소유자들 — '우용'과 101호의 개」.

유형진 시인께: 두 번째 편지

 혹시, 세상 사람들은 여느 때와 다름없이 잘 움직이고 잘 웃고 잘 말하고 살아가는데 나는 완전히 무기력하고 투명한 존재가 된 것 같은 느낌을 받아 보신 적 있으세요? 사람들은 색색의 해초와 물고기처럼 활기차게 움직이고 있는데, 저는 수족관 벽 앞에서 가로막혀 그들에게 다가갈 수가 없어요. 잠들 수 없는 이런 초콜릿색의 밤이 오면, 저는 당신의 시를 읽곤 해요. 오늘 밤에는 「다이알 비누로 목욕시킨 마론 인형의 냄새같이」를 읽고 자야겠어요.
 당신에게 노을의 시간은 존재가 사라져 가는 시간인 것처럼 보입니다. 노을의 시간은 낮의 시간과 밤의 시간 사이에 걸쳐진 채로, 이제 존재가 곧 어둠 속에 잠겨 들 것임을 예고해 주지요. 노을 속으로 들어간 것은 '너'예요. '너'라고 불리는 이인칭 존재는 당신의 시에 거듭 등장합니다. 당신을 애타게 만드는 이 변덕스러운 존재가 하나의 대상을 가리키는지, 그렇지 않은지는 독자인 제 입장에서 섣불리 결정할 수 있는 문제는 아닌 것 같아요. 중요한 것은 당신의 시가 늘 '너'를 뒤쫓는 과정이라는 점이겠지요. 당신은 마치 사냥의 여신 아르테미스처럼 어떤 대상을 쫓아가요. 무언가를 추적할 수밖에 없는 것은 그것이 부재하기 때문인지도 모르겠어요. 당신의 시에서 '너'가 남긴 흔적은 분명히 존재해요. "죽은 황녀를 위한 파반느" 같은 음악은 분명히 당신이 찾고 있는 이인칭 존재에게서 당신에게로 도착한 선물입니다. 어쩌면 '너'의 선물이 음악이라는 것 자체가 의미심장한 것인지도 모르겠어요. 음악의 기본적인 속성 자체는 보이지 않는 것, 들리는 것이잖아요. 어떤 대상이 보여야만 존재한다고 믿는 우리에게 그 대상이 들리므로 존재한다고 믿으라는 것은 가혹한 일인지도 모르겠어요. 당신은 그런 면에서 일반적인 인간의 수준을 뛰어넘고 있다고 생각해요. 당신은 누군가가 시야에서 사라졌다고 해서 그/녀를 이제까지 존재한 적이 없는 것처럼 취급하지 않으니까요.

당신의 시에는 음악이나 향기처럼 보이지 않는 것들의 기미가 가득해요. 일인칭의 존재가 보이지 않는 이인칭의 존재에게로 향해 가는 양상은 일차적으로는 후각적인 것이에요. '너'가 청각적인 흔적으로 남아 있다면 '나'는 후각적인 흔적으로서 확산되고 휘발됩니다. 후각이나 미각 같은 감각은 시각이나 청각에 비해서 감각 대상에 관한 정보를 전달하는 데 제약이 크지요. 소리나 영상은 감각하는 자와 감각되는 대상 사이에 상당한 거리가 있어도 전달될 수 있지만, 냄새나 맛은 그렇지 않으니까요. 후각과 미각이 좀 더 직접적인 감각이라고 할까요. '나'는 '너'에게로 달려가지만, 그 질주는 애초부터 실패가 예정된 것인지도 모르겠어요. 비누와 플라스틱의 약한 냄새는 그다지 멀리까지 힘 있게 전달될 수 없으니. 그리하여 "마음의 정처"를 찾아가는 여정은 순탄하지 않은 것이 됩니다.

흔적과 자취로서 존재하던 이인칭 존재는 당신의 이 시에서 끝까지 사라지지 않는군요. "전원이 꺼져도 계속 켜져 있는 잔상 같은 너/ 반전의 구름같이 내 망막 뒤에서 나를 괴롭히는 너"라는 구절에서 '너'는 환상 혹은 기억으로서 '나'의 세계에 끝까지 살아남습니다. 그리고 냄새처럼 연약한 '나'는 자신이 만들어 낸 심리적인 세계 속에서 '너'를 만지고 도망갈 수 있지요. '너'에게로 가닿기를 그토록 강렬하게 원했던 '나'는 어째서 도망을 가는 것일까요. 이 장면은 마치 술래잡기처럼 보입니다. 비록 시에서 말하고 있는 일인칭의 인물이 꾸었던 달콤한 "갈색 설탕 꿈"은 실패했지만, 적어도 소망 속에서만큼은, 시 안에서만큼은, 갈색 설탕 꿈을 여전히 꾸고 있는 것이 아닐까요. 너를 쫓는 자가 아니라 너에게 쫓기는 자가 되고 싶다는 꿈 말입니다. 아, 말이 너무 길어졌군요. 오늘은 여기까지 써야겠어요.

유형진 시인께: 세 번째 편지

눈치채셨을지 모르겠지만 지난번 편지에서 저는 사실 하고 싶은 말을 미처 다 적지 못했어요. 당신께 꼭 묻고 싶은 것이 있었는데, 물을 수가 없었어요. 사랑은 원래 이렇게 힘든 건가요? 저에게는 당신의 시집 『가벼운 마음의 소유자들』 전체가 사랑과 실연에 관한 것으로 읽혀요. 당신의 시에 등장하는 그 수많은 '당신'과 '너'는 당신 마음의 풍향계가 한때 가리켰던 사랑의 지점들 아닌가요? 그리고 수많은 '나'는 이인칭 존재를 향해 말을 걸고 편지를 쓰고 달려가잖아요. 당신의 시에 등장하는 일인칭 존재들은 대체로 타인을 더 많이 사랑하고 더 오래 기억하기에, 세상의 기준에서 보았을 때 사랑의 약자가 될 수밖에 없어요. 일상의 순간 속에서 불시에 되살아나는 타인의 흔적에 무방비하게 수동적으로 노출된 채 이미 지나간 아픔을 또다시 겪을 수밖에 없으므로. 당신의 시는 한 편 한 편이 마치 기억이 곱게 개켜져 있는 한 칸 한 칸의 서랍과 같아서, 당신은 서랍을 열다가 늘 손을 찧고 멍 들 각오를 해야 하죠. 사랑의 대상 앞에서 당신은 무력하고 또 무력해요.

　사랑하는 자로서 당신이 겪는 무력함이 극대화되는 순간은 바로 사랑의 대상이 당신으로부터 달아나, 당신이 그를 위해 사랑을 '잃어야만' 하는 때이겠지요. 사랑하는 존재로부터 완전히 외면당해 보신 적이 있으세요, 당신도? 당신이 존재하지 않는 것처럼, 당신을 못 본 것처럼, 당신이 투명하기라도 한 것처럼 당신을 외면하고 지나가는 타인 앞에서 당신은 그야말로 존재를 부정당했겠지요. 「겨울밤은 투명하고 어떠한 물음표 문장도 없죠 ― 이중국적자의 경우」에서 당신은 "겨울밤은 투명"하다고 말해요. 당신이 머무르고 있는 시공간이 투명하다는 진술은 사실 마음의 상처가 일으킨 상상적 변형이라고 생각해요. 겨울밤이 투명하다기보다는, 당신이 투명해진 것은 아닐까요.

실제로 당신은 사랑으로 인해 자신이 어떤 형국으로 변해 가는지를 시 속에서 보여 주고 있어요. (비대칭적인) 사랑 속에서 더 많이 사랑하는 자는 역설적이게도 점점 더 작아집니다. 마치 숫자가 줄어드는 것처럼 말이지요. 처음에 당신은 숫자를 셉니다. "당신을 생각하면 네 개에서 세 개가 돼요". 누군가를 사랑할 때 "우리는 여섯 개에서 아홉 개로/ 그렇게 갈 수는 없어요". 그래서 "당신을 생각하면 또 두 개에서 한 개가 돼요". 그러다 "당신을 생각하면 이제 영, 이에요". 사랑을 하면 줄어들고 적어지는 것이 당신이 생각하는 사랑의 법칙이고, 저는 그 법칙을 완전히 수긍할 수밖에 없어요.

사랑이 처음 시작될 때, 대부분의 사람들은 상대를 이상화하지요. 궁정풍 사랑의 도식에서 사랑의 대상은 마치 귀부인처럼 범접할 수 없는 대상일 때 더욱더 큰 가치를 지니게 되고 더 큰 사랑을 받게 되지요. 우리가 낭만적인 감정에 눈이 멀어 있을 때에는 대상의 실체를 바라보고 싶어 하지 않아요. 오히려 그 실체에 환상의 장막을 덧씌우려고 하지요. 그래야 자신의 사랑이 더욱 가치 있는 것이 되니까요. 역설적이게도 상대의 가치가 높아질수록 그에 비례하여 나 자신의 가치는 낮아질 수 있지요. 「샤이니 샤이니 퀵, 퀵 — 유니콘의 경우」에서 당신이 사랑하는 대상은 "나의 유니콘"이라고 불리지요. 유니콘은 사실 신화적인 동물이고, 우리가 볼 수도 만질 수도 없기 때문에 신비로운 경탄의 대상이 됩니다. 우리가 사랑하는 자를 치켜세울 때, 그는 유니콘처럼 특별한 존재가 되는 것이지요.

  낭만적인 감정이 곧 스러지고 나면 우리는 연인의 실체를 조금씩 보게 됩니다. 그 과정에서 우리 자신의 실체 역시 조금씩 드러나게 되겠지요. 「겨울밤은 투명하고 어떠한 물음표 문장도 없죠」에서 당신은 자신의 연인 역시 그다지 특별할 것이 없는 존재라는 사실을 인식하고 있기도 합니다. 사랑의 대상을 정의하는 것은 쉽지 않은 일이기에, 당신은 연인의 이름이 될 만한 대상들을 은유적으로 나열합니다. 목록으로 나열된 것들이 지닌 유사성에서 연인의 속성을 짐작해 볼 수 있지요. 연인은 "호주머니 속의 지퍼", "불씨 없는 다이너마이트", "빨간 풍선 속에 헬륨 가스", "사바나 초원의 기린 뿔"처럼 어떤 면에서는 무용하고 무익하며 감각할 수 없는 존재입니다. 풍선의 고무 막이나 물리적인 거리로 인해 헬륨 가스와 기린 뿔을 느껴 볼 수 없는 것처럼. 당신의 시에 자주 등장하는 '죽어 버린 꽃잎'의 이미지를 닮은 '눈꽃송이'도 연인을 비유할 때 등장합니다. 연인은 사라짐의 비유를 배반하면서, 사라지지 않은 채로 오히려 당신을 "못 본 척"하여 당신의 존재를 더 투명하게 만듭니다. 어서 빨리 투명해져야 할 이는 자기 자신이면서 말이지요.

사랑이라 불리는 낭만적인 관계가 끝난 것처럼 보일 때, 연인을 진정으로 사랑하는 방식은 과연 무엇일까요. 당신에게 있어서 한 가지 방식은 무너지지 않고 "버티는 것"이죠. 물론 "아프리카의 가젤과 같이" 버틴다는 표현에서 "사바나 초원의 기린 뿔"이 환기하는 연인의 영향은 아련하게나마 느껴지지만 말이에요. 결렬과 실패와 상처를 있는 그대로 받아들이면서 내장이 상하고 찢긴 채로 시선을 의연하게 삶의 지평선에 고정하는 순간에야, 비로소 사랑은 시작되는 것일까요?

윤진 양에게: 세 번째 편지

편지 잘 받았어요. "사랑은 원래 이렇게 힘든 건가요?"라는 물음을 물끄러미 들여다보다가 펜을 듭니다. 우리 어린 우용이와 결혼하겠다고 매일같이 약속하던 어린 윤진 양의 모습이 아직도 기억에 생생한데, 윤진 양도 이제 어엿한 한 사람의 여성이 되었군요. 저도 한 사람의 여성으로서, 한 사람의 시인으로서, 최선을 다해 살아가고 사랑하고 있지만 여전히 삶과 사랑에 대해서는 아는 바가 없다는 생각이 들어요.

묶은 지 시간이 꽤 지나간 시집을 윤진 양 덕분에 다시 읽다 보니 그 당시에 시를 쓰고 시집을 묶던 일이 많이 생각나는군요. 윤진 양과 이름이 똑같은 허윤진 씨가 시집의 해설을 쓰기도 했는데, 그때 허윤진 씨도 사랑이라는 주제에 대해서 고민이 많았다고 들었어요. 그녀가 오래도록 고민하는 시간 동안 끈기 있게 기다렸던 기억이 나는군요.(물론 기다림이라는 건 쉽지 않지요.)

제 첫 번째 시집 『피터래빗 저격사건』을 혹시 읽어 보셨다면 아시겠지만, 저는 기본적으로 기억 자체를 소중히 여기는 편이에요. 사소해 보이는 대상이나 사건도 제 기억 속에 머무르는 한, 의미 있고 소중한 것이 될 수 있으니까요. 「내가 가장 예뻤을 때 나는 바나나파이를 먹었다」 같은 시를 보면 한 사람이 성장하는 과정에서 맞닥뜨리게 되는 크고 작은 상처와 두려움의 기억이 가득하지요. 결국에는 시집 전체가, 자연적인 죽음이든 기계화든 생명력이 없는 상태에 바치는 애가(哀歌) 같은 것이었지요.

결국 기억의 기술이란 사랑의 기술이 아닐까 생각해요. 누구와 무엇에 대한 관심으로 말미암아 누구와 무엇을 내 심장 안에 품을 수밖에 없는 것이죠. 저에게 있어서 사랑은 심장 그 자체로 표현될 때가 많아요. 한국의 여성 시인 중에서 김승희 시인도 사랑의 장소인 심장을 아름답게 표현한 적이 있죠. 미국의 여성 시인인 에밀리 디킨슨도 마찬가지이고요. 핏빛의 심장으로 표현되는 핏빛의 사랑은 그 자체로 숭고하고, 심장으로 사랑하는 존재는 그 강렬한 열정으로 말미암아 수난을 겪을 수밖에 없다는 것을 저는 두 시인의 세계에서 봐요. 기회가 된다면 윤진 양이 두 시인의 시집을 읽어 보기를 권해요. 두 시인에게 있어서 심장의 상징은 기독교 신학과 관련이 있다는 것도 염두에 두면 좋을 것 같군요.

시인이 자신의 시에 대해서 이야기를 하는 것은 사실 피하고 싶은 일이지만, 고민하는 윤진 양을 위해 제 입장은 잠시 보류해 두기로 하지요. 『가벼운 마음의 소유자들』을 묶기 전이든 묶고 난 후든, 저는 기본적으로 단순한 사람이 아니에요. 저의 세계에서는 웃음과 눈물이 쌍둥이처럼 등장한다고나 할까요. 『고도를 기다리며』에서처럼. 사랑을 잃는 경험은 충분히 고통스러운 것이지만, 저는 저의 말이 하소연처럼 들리기를 원하지 않았어요. 제가 시집의 1부인 '겨울밤은 투명하고'에서 경쾌한 어조를 유지한 데에는 그런 이유도 있었답니다.

시집의 첫 번째 시인 「샤이니 샤이니 퀵, 퀵 — 유니콘의 경우」에서 저는 단어들이 어디론가 달려가는 듯한 느낌을 주기를 원했어요. 이 시는 달아나는 동물과 쫓아가는 동물이 꼬리에 꼬리를 무는 식으로 쓰여 있지요. 이 연쇄의 중심점이 되는 존재는 바로 '너', "나의 유니콘"이지요. 제목에서도 느껴지는 경쾌한 탈주의 리듬감은 바로 심장 도둑인 유니콘과 그를 쫓는 시인이 만들어 내는 것이지요. 그래요. 연인은 "내 가장 가녀린 심장. 내가 가진 심장의 가장 아름다운. 그것을 가지고 도망"가는 사람입니다. 심장을 도둑맞았다는 관용적인 표현을 시적 정황으로 바꿔 보고 싶었어요. 시인에게 비유는 곧 삶이기도 하니까요.

많은 예술가들과 철학자들이 고민해 왔던 것처럼, 각자의 독특함을 잃지 않은 채로 타인과 고독 속에 공존하는 것은 얼마나 어려운 일인지요. 낭만적 감정이 불러일으킨 환상이 깨어지고 나면, 우리는 서로 달랐다는 것을 깨닫게 되지요. "난 아닌 게 넌 맞"는 것처럼요. 이들의 과거에 주된 무대가 되었던 "골목"은 추격자와 도망자가 일직선적으로 달려가는 공간이에요. 머리 위에 빈 공간이 있었다는 것, 그래서 "층을 달리해서" 흐를 수 있었다는 것을 그들이 조금만 더 일찍 알았더라면. 각자의 개별성이 유지되지 않아서 서로 간의 거리가 0이 되어 버리는 세계에는 진정한 평화가 올 수 없겠지요.

달아남과 쫓아감의 여정은 달아남의 대단원으로 마무리되고 있어요. 애초에 존재한 적이 없는 상상일 뿐인 유니콘처럼, 우리가 우리 자신처럼 여기며 하나가 되고 싶어 하는 타인이란 폭죽처럼 그 허상이 터져 사라져 버릴 수밖에 없겠지요. 그리고 그 대상을 한때 품었으며 그 대상을 닮게 되어 버린 심장 역시도. 심장은 또한 주체할 수 없는 열정과 기쁨과 슬픔으로 말미암아 터져 버리는 것일 테지요. 사랑을 한다는 것은 타인의 발밑, 가장 낮은 자리에 내 심장을, 내 마음을 두는 것인지도 모르겠네요. 무심하고 잔인한 심장 도둑의 발밑에서 나 자신이 으깨지는 아픔을 감수하고서라도 말이에요. 사랑은 힘들게 버티는 것이기도 하지만 힘들게 아픈 것이기도 한 것 같네요.

유형진 시인께: 네 번째 편지

편지 감사해요.「심장 — 잃어버린 혹은 잊어버린 보라구슬」에서 심장이 작은 보랏빛 구슬로 표현되고 있는 이유를 알겠어요. 우리에게 심장이 없었다면 삶은 좀 더 쉬웠을까요? 우리가 편하게 살아가기 위해서는 예컨대 '잃다'와 '잊다'를 구분하는 일 같은 것은 해서는 안 되겠죠. 심리적인 현상인 망각과 물리적인 현상인 분실 사이의 엄연한 차이는 외면해야겠죠. 하나 세상에 대한 예민하고 섬세한 관심을 거둘 수 없는 존재들은 그런 식으로 "편한 세상"을 살아갈 수 없어요. 타인의 존재에 노출되어 있는 마음은 당신의 말처럼 늘 으깨지고 낮아지게 마련이고, 당신의 표현대로 심장은 "남몰래 흘리는 눈물"과 비슷하거나 같은 것이지요.

당신은 우리의 몸속에 분명히 있지만 직접 보고 만질 수는 없는 심장에 작은 구슬의 비유적인 형태를 부여하고 있어요. 우리에게 심장이 있다는 사실을 우리가 '잊어서' 인간다움을 '잃지' 않도록 말이지요. 보이지 않는 것에 형상을 지어 주는 일은 예술가가 실천할 수 있는 사랑의 행위가 아닐까요. 이 시에서 당신은 이미 이야기했죠. 그런 심장은 "세상에서 당신이 제일 좋다고 말하는 연인들에게 굴러가기도 하지만, 그건 정말이지 가끔 일어나는 일." 당신이 삶 속에서 흘린 수많은 눈물방울이 뭉쳐진 작은 보랏빛 구슬은, 저처럼 당신의 시를 읽는 독자에게 "굴러" 온답니다.

여기에서 저는 작은 구슬인 심장이 궤적을 그리며 타인에게로 간다는 상상력 자체가 의미 있다고 생각해요. 마음은, 사랑은, 어떤 지향을 가지고 움직이는 것이니까요. 저는 여기에서 사랑의 동역학을 봐요. 그리고 그것이 당신의 아름다운 세계, "랜드 하나리"를 구성하는 원리라고 생각하는 것이죠.

『가벼운 마음의 소유자들』의 1부가 사랑의 안과 밖에서 가난하고 낮아져 마음이 깨져 버린 존재들의 말을 주로 전하고 있다면, 2부는 깨진 마음의 자리에서 펼쳐지는 유토피아를 비춰 주고 있어요. 제가 예전에 드린 편지에도 썼지만 사랑으로 말미암아 '줄어든' 이들은 인간의 삶에서 보면 성년 이전의 과거로 돌아가 아이 같은 상태가 되죠. 당신은 심리적인 위축을 형태의 수축으로 바꿔 놓고 있어요. 『이상한 나라의 앨리스』도 그랬지만, 혼몽한 낮잠과도 같은 변신의 상태를 거쳐 몸이 우선 작아지지 않고서는 낯선 세계로 모험을 떠날 수가 없는 것이죠. 당신의 관점에서 모험을 위한 변신의 과정은 바로 사랑이라는 통과의례인 것이고요.

어느샌가 재미없는 어른이 되어 버린 사람들은 또한 아

이들을 만나고 기르면서, 세상을 이루고 있는 작은 것 하나하나에도 웃고 울면서 세상의 신비에 전율했던 시간을 재체험하게 되겠죠. 당신에게 저의 친구이기도 했던 우용이가 없었다면, 어쩌면 랜드 하나리는 탄생할 수 없었을지도 모르겠어요.

우리가 어린아이 같은 상태가 되면, 세계는 놀라운 비밀을 가득 품은 경이로움의 창고처럼 보여요. 구체적인 사물과 그것을 가리키는 이름을 연결할 수 있게 되었을 때, 그러니까 언어를 배워 갈 때, 우리는 세계의 구석구석이 우리 자신에게로 열리는 놀라운 경험을 했겠죠. 관성과 타성에 젖은 시시한 어른들에게는 사물과 언어의 관계를 회복시켜 줄, 시인의 친절한 손가락이 필요해요.

랜드 하나리에서 당신은 작고 사소한 것들에 돋보기를 가져다 대요. 우리가 쉽게 망각하고 분실해 버리는 것들, 의미 없는 것으로 치부하게 되는 것들을 당신은 같은 방식으로 대할 수 없는 것이죠. 왜냐하면 쓸모없고 투명한 존재가 되는 경험을 해 본 당신은 쓸모없고 투명한 존재를 진정으로 이해하고 그 존재와 교감할 수 있기 때문이죠. 당신의 눈길이 가닿는 것은 그것이 무엇이든 살아나요. 저는 랜드 하나리가 '애니메이션의 윤리학'에 근거한 세계라고 말하고 싶어요.

아이들이 애니메이션 영화에 열광할 수 있는 것은 무생물을 생물로, 인간이 아닌 것을 인간으로 표현하는 장르

적 상상력이 아이들 자신의 상상력과 다르지 않기 때문이라는 생각이 들어요. 돌멩이든 인형이든 의인화하고 인격화하여 그것과 대화할 수 있는 놀라운 능력이 아이들에게는 있잖아요. 당신의 시집에서 유난히 어떤 대상을 부르는 돈호법이 자주 사용되는 것도 애니메이션의 윤리학과 깊은 관련이 있겠죠. 당신이 언어를 통해 불러온 대상들은 당신의 세계에서 생생하게 살아나죠. 「어린 나무」에서 어린 시절에 알았던 나무를 부르는 목소리는 더없이 다정해요.

> 나 어릴 때 창문 아래 살던 작은 나무야
> 나는 오늘 너를 생각해
> 너는 서쪽 창가에 언제나 있었지
> 하늘이 조금씩 붉어질 때 너는
> 내가 어린 나무란 게 참 좋아, 하고 말했지
> 난 그 말을 금방 알아들을 수 있었어

나무가 걸어오는 말을 들을 수 있었다는 일인칭의 고백은 애니메이션의 윤리학이 공평하게 적용되는 랜드 하나리에서라면 달리 이상할 것이 없어요. 어린 나무는 분명히 과거의 존재이지만, 일인칭의 목소리가 나무를 부를 때, 그리고 부름의 시점이 어제도 내일도 아닌 "오늘", 즉 현재일 때, 나무는 기억과 사랑의 통로 속에서 다시 살아나요.

「랜드 하나리에서 오리들의 갸우뚱 피겨스케이팅 대

회 — 4/5」 같은 시는 당신의 유토피아를 단적으로 보여 준다고 할 수 있을 것 같네요. 누군가에게 구어체로 말을 건네는 듯한 느낌으로 쓰인 이 시에서 첫 번째 주인공은 오리예요. 오리, 풍선, 하늘, 우주처럼 평범해 보일 수도 있는 두 음절의 단어들은 당신의 손길을 거쳐 다채로운 동화적 풍경을 이뤄요. 오리들이 풍선을 타고 날아가는 바람에 하늘이 찢어진다는 상상력은 어른들의 세상에 속해 있지 않아요.

우리가 오리라는 일반명사 아래로 불러 모으는 수천, 수만의 오리들은 서로 다른 개별적 존재들이에요. 당신이 하늘에서 피겨스케이팅 대회에 참여하는 오리들에게 "넘어지는", "자빠지는", "놀란", "화난", "웃는", "우는" 등의 수식어를 붙여 주는 것은 각각의 오리들이 지닌 세밀한 차이를 존중해 주고 싶기 때문일 거예요. 오리들의 스케이팅 자국이 랜드 하나리의 별이 된다는 마지막 문장에서 당신의 기획이 다소간 드러나죠. 당신의 시 한 편 한 편은 마치 랜드 하나리에 숨겨져 있는 비밀을 밝혀 주는 상상의 지도와도 같아요.

세계의 앞면에 드러나는 오리/세계의 뒷면에 숨겨진 하느님들이라는 이분법에는 보이는 것과 보이지 않는 것 사이의 미적 긴장도 여전해요. 우리가 생명에 불어넣어진 숨결을 느끼게 되고, 숨결을 불어넣은 절대적인 창작자를 인식할 수 있는 것은 "투명한 마음"이 있을 때죠. 이것은 단

순히 순수함만을 의미하는 것 같지는 않아요. 예전에 저희가 얘기했던 것처럼 낮아지고 작아지다 못해 영(0)이 되어 버린 겸손한 상태를 의미할 수도 있을 것 같네요. 보이지 않되 존재하며 때로는 숨어 있는 것처럼 보이는 신에 대한 당신의 사유는 아주 단순하고 소박한 것에서 인간이 어떻게 위대한 진리를 발견하는지를 다시금 깨닫게 해 준답니다. 파스칼이 생각했던 신의 모습이 "투명한 마음이 없는 사람들은/ 숨어 있는 하느님들을 볼 수 없어."라는 당신의 경쾌하고 동화적인 고백에서 놀랍게 드러나요.

투명한 마음을 약간은 날카롭게, 약간은 경쾌하게 변형한 것이 당신의 세계에서는 소심(小心)함으로 나타나죠. 「심장 ─ 죽은 줄 알았는데 살고 있는 소심한 w양」에서처럼 타인의 말 한마디에도 예민하게 반응하고 감정의 진폭이 소심한 사람들에게서 역사는 시작될 거예요. 세계의 소심인(小心人)들이여, 엄살을 피우라! 랜드 하나리에서 울려 퍼질 수 있는 구호가 만에 하나 있다면, 바로 이런 문장이 아닐까 싶어요. 사회에서 유치하고 미성숙한 것으로 폄하되는 감정 상태와 행동 양식에서 억압적이지 않은 진정한 박애주의가 시작될 수도 있다면, 놀랍지 않으세요?

하나 모든 것에 생기를 불어넣는 창조적인 시선을 모든 인간이 삶의 끝까지 유지할 수 있는 것은 아니지요. 그래서 「어린 나무」는 우리의 삶에서 사라져 버리는 아이들에 대한 쓸쓸한 보고로 끝나게 돼요. 아이들이 경탄을 잃고 신비에 무감각해지면 작은 나무 같은 사소한 존재는 결국 생기와 빛을 잃어요. 비대칭적인 기다림 속에서 고독한 노화의 길을 걷게 되는 것이죠. 우리가 유년 시절 외부 세계를 향해 품게 되는 열정의 강도가 약해지는 것이 당신에게는 모종의 비애를 자아내요. 당신이 시인으로서 애도하는 것은 바로 시간은 흐르고 생명체는 늙어 가고 결국 죽음을 맞는다는 사실 그 자체, 인간의 유한성 자체이지요.

「외가」에서 당신은 나무 막대에 설탕 실이 모여 만들어진 솜사탕과 손주, 증손주들을 비유하고 있지요. 그리고 "솜사탕은 너무 금방 녹는다."라는 마지막 문장에서, 외할머니를 세상의 전부처럼 여겼던 아이들이 어떻게 금세 성장해 버리는지를 압축적으로 표현하고 있어요. 존재 자체로써 세상을 놀이공원처럼 시름없는 달콤한 세계로 만들었던 아이들은 어느덧 증발해 버리고 없지요. 인간의 삶은 설탕의 달콤함만으로 유지될 수가 없다는 씁쓸한 진실.

윤진 양에게: 네 번째 편지

윤진 양이 써 준 이야기들 잘 읽어 보았어요. 3부 '가벼운 마음의 소유자들'을 보시면 앞부분에 놓인 시들은 '낭만 사회와 그 적들'이라는 표제를 달고 있지요. 윤진 양도 칼 포퍼의 역작 『열린 사회와 그 적들』을 떠올렸을 것 같다는 생각이 드네요. 역사가 진보한다는 가정하에 인간을 위한 유토피아를 건설하려던 인간들의 욕망은 전체주의의 함정에 빠진 경우가 많았어요. 윤진 양이 랜드 하나리를 애니메이션의 윤리학에 기초한 유토피아로 본다고 했을 때, 유토피아라는 단어에 어떤 세계의 균질성이 가정되어 있는 것은 아니기를 바랍니다.

'낭만 사회와 그 적들' 연작에서 저는 인간이 어쩔 수 없이 품게 되는 충동과 감정과 지향 같은 것을 옹호하고 싶은 생각이 있었던 것 같아요. 우리의 일상에 전체주의적인 독재자까지는 아니라고 하더라도 자칫하면 소심인들에게 보이지 않는 억압을 가할 수 있는 실권자들이 존재하는 것은 분명하잖아요.

연작의 첫 시편인 「낭만 사회와 그 적들 — 수선화 화원의 설리번 선생」에서 저는 헬렌 켈러를 한 개인으로 양육한 설리번 선생을 돈호법을 통해서 현재의 맥락으로 불러왔어요. 보고 듣고 말할 수 있는 능력을 '가진' 것만으로도 그녀는 권력 관계에서 우위에 설 수 있었던 것이잖아요. 겉보기에는 성공 신화의 주역처럼 보일 수 있는 그녀에게도 혹시 변질의 가능성은 없을까, 저는 종종 의문을 품었지요. 앙드레 지드의 소설 『전원 교향악』의 제르트뤼드처럼, 사람들이 소위 장애라고 생각하는 상태가 어쩌면 세계의 아름다운 본질에 더 가까이 있는 상태인지도 모르겠어요. 그래서 인간이 아닌 동물들, 낭만에 빠진 존재들, "사회에선 이제 버려졌고 던져졌고 가망 없이 쓰러"진 존재들, 이런 존재들을 훈육과 교화의 손길로부터 구하고 싶었죠. 설리번 선생은 결국 그러한 손길을 비유하는 인물로서 등장했다고 할 수 있을 것 같아요.

그 시에서 "수선화" 같은 식물이라든가 "제비" 같은 동물을 세계 안으로 데려온 것은 윤진 양의 표현을 빌리면 '애니메이션 윤리학'의 표현이자 인간 중심적인 세계관에 대한 나름대로의 반항이에요. 「낭만 사회와 그 적들 — 파란 별 장군과 군인 아파트 아이」에서는 "파란 별 장군"이라는 군사적 인물이 등장하지요. 제가 사회사적인 맥락을 전면에 내세우지는 않지만 한국 사회에서 연약한 마음을 가진 사람들을 방해할 수 있는 제도 중의 하나가 군대일 수 있다고 생각해요. 우리는 '장군'들이 지도자가 되는 사회란 어떤 모습일 수 있는지 이미 여러 차례 경험을 했고, '장군'들의 영향은 일상 문화에도 여전히 작용하고 있잖아요. "파란 별 장군"의 자기 소개는 사실 장군 자신을 희화화하는 면이 있죠. 시의 언어란 그런 것이 아니겠어요? 실제 현실의 상황과 논리야 어떻든, 때로는 비극적인 수사학을, 때로는 희극적인 수사학을 자유롭게 구사하면서, 목소리가 투명한 존재들에게 다양한 빛깔의 목소리를 선물해 주는 것.

윤진 양이 『가벼운 마음의 소유자들』 2부에서 '랜드 하나리'라는 유토피아적 공간을 주목해서 보고 그 공간의 성격을 규명해 준 것은 고맙게 생각해요. 하지만 시집 전체를 자세히 보시면 랜드 하나리 외에도 투명한 이들을 위한 낭만적인 공간들이 산재한다는 것을 알 수 있을 거예요. 마치 수백 권의 동화책을 펼쳐 등장하는 인물들을 한자리에 모아 놓고 그들을 (자기)소개하는 것처럼, 중심 없는 무정부적인 세계를 저는 꿈꾸었죠. 『가벼운 마음의 소유자들』이 하나의 지도라면, 그 지도에 어떤 세상이 숨어 있는지를 발견하는 것은 윤진 양을 비롯한 독자들의 몫이에요.

유형진 시인께: 다섯 번째 편지

『가벼운 마음의 소유자들』을 지도로 그린다면 저는 "분꽃 정원 십자로"와 "메리 포핀스 해상"도 지도 위에 그려 넣겠어요. 「낭만 사회와 그 적들 ─ 낮달들은 잊혀진 별자리를 그리워하고 무당벌레들이 윙윙거리는 오후, 분꽃 정원 십자로에서의 회고담」에 등장하는 분꽃 정원에는, "그"라는 동화적 인물이 살고 있죠. 당신은 섬세한 시선으로 그가 어떤 인물인지를 그려 내고 있어요. 당신이 묘사한 내용으로 추측해 보건대 그에게서는 향긋한 "참나무 숲의 냄새"가 풍겨 오고, 그는 아마 키가 작을 거예요. 그가 살고 있는 집은 버섯 기둥에 이끼 지붕이 있을 정도니까요. 반쯤은 요정처럼, 반쯤은 난쟁이처럼 보이는 그는 사랑스럽네요. 그의 분꽃 정원은 곤충(나비)과 식물(분꽃)이 사이좋게 공존하는 작은 유토피아죠. 그러나 "메리 포핀스 해상"의 경우에도 그렇듯이, 이런 유토피아적인 상태는 자주 방해를 받아요. 이 세계를 수놓고 있는 "무지개 프리즘" 효과는 이방인들의 침입으로 인해 뒤엉켜 버리죠.

「낭만 사회와 그 적들 — 메리 포핀스 해상에서의 전쟁」에서 중심 공간이 되는 "메리 포핀스 해상"은 또 어떻고요. 분꽃 정원과 메리 포핀스 해상은 연결된 세계예요. 왜냐하면 해상에는 "분꽃 정원 십자로에서 파견된 꿀벌들"이 존재하니까요. 분꽃 정원과 메리 포핀스 해상이 있는 지도를 가진 소수의 사람들만이, 세계에 전달된 "암호문"을 해독할 수 있지요. 당신의 유토피아는 "곤충의 말을 알아"들을 수 있는 최후의 어린이들이 존재하는 공간입니다.

유형진 시인께: 여섯 번째 편지

당신의 시집은 마음이 죽거나(喪心) 마음이 상한(傷心) 사람들을 위한 위로의 레시피와도 같다는 생각이 들어요. 시집의 표제이기도 한 '가벼운 마음의 소유자들' 연작은 현실 사회의 유토피아에서라면 배격되어 마땅하겠지만 애니메이션의 유토피아에서는 이사를 와서 우리의 이웃이 될 법한 소심인들이 가득해요. 당신은 그들에게 별명 같은 이름을 지어 주죠. 예컨대 대낮의 사람, 철심 교정기의 소녀, 실로폰 양과 데칼코마니 군 등등……. 우리가 아이였고 세계에 대해 아는 것이 없었을 때, 우리는 타인의 존재를 발견하는 데에도 능숙했지요. 우리가 누군가에게 붙여 주는 별명의 개수는 그/녀에 대한 관심의 정도에 비례하죠. 그런 점에서 당신은 이 세계에서 가장 투명한 자로서, 당신에게 경이와 두려움을 자아내는 존재들에게 매우 민감하게 촉각을 곤두세우고 있어요.

「가벼운 마음의 소유자들 — 철심 교정기의 소녀」에는 마치 고슴도치처럼, 약하고 상하여 가시를 세울 수밖에 없는 소녀가 등장하죠. 인간이 타인에게 드러내 보이는 공격성이라는 것이 사실은 궁지에 몰린 절대적 약자의 위협적인 제스처일 수도 있는 거겠죠. 상심(喪心/傷心)의 반대는 "담요 마음"일 거예요. 아이들이 자주 구사하는 어법에서 잘 드러나듯, 당신은 비유적으로 연결된 대상들(따뜻한 담요/따뜻한 마음)을 하나의 창의적인 합성어로 만드는 능력이 있어요. 우리가 성장하면서 망각하고 분실한 능력이죠. 당신은 상처받지 않기 위해서 외부로 잔뜩 날을 세우고 있는 가엾은 존재들의 뒷면을 이해하고, 그들에게 이렇게 적당한 별명을 붙여 줘요.

「규중칠우쟁론기」라는 국문 수필을 알고 계시죠? 한 부인이 바느질을 하다가 낮잠이 든 사이, 바느질에 필요한 일곱 가지의 도구들이 각자 제 공을 뽐내는 가전체(假傳體)

수필이잖아요. 저는 당신이 여성으로서 겪은 구체적인 경험들이 당신의 독특한 미학이 구성되는 데 긍정적인 영향을 주었다고 생각해요. 당신의 시집은 '현대 시'의 범주에 들어가는 것이겠지만, 분명히 활유법과 의인법이 두드러지는 동화적인 면모도 지니고 있고, 고전적인 내방가사를 연상하게 하는 면모도 지니고 있어요. 현대적으로 전유된 내방가사라고나 할까요. 한글이 한국어의 중심적인 문자 체계가 되기 이전에, 상심(喪心/傷心)했던 여인들은 자신들과 마찬가지로 천대받던 한글로 주로 글을 썼고, 규방에서 겪는 소소하고도 중요한 문제들을 아름답고 섬세하게 형상화했지요.

「가벼운 마음의 소유자들 — 린넨 버드 로빈 코코아 그리고, 때 전 사탕 양말」은 서양 문물의 색채가 짙은 새로운 내방가사라고 부를 수도 있지 않을까요. 여기에는 동화적인 인물에게 부여되는 탄생 설화도 있지요. "솜국(國)의 별 씨(氏) 금나라 양"이라니! 이 시에서 제가 잊을 수 없는 구절은 바로 "코바늘로 뜬 눈의 결정 모양 도일리처럼/ 한 코에서 시작했지만 모든 코를 잃어야 완성되는 그 마음의 가장자리들"이에요. 뜨개질을 한 번이라도 해 본 사람에게, 당신의 이 표현은 사소함 속에서 위대함을 발견하는 시인의 시선이란 무엇인지를 알려 주죠. 서양에서든 동양에서든 천을 짜고 실을 잣고 수를 놓으면서 여성들은 자신들의 삶을 말 그대로 직조했어요. 우리의 심장을 찾아가는 여정은 결국 연인으로 표상되는 지향점을 완전히 잃을 때에야 완성되는 것인지도 모르겠어요. 귀뚜라미만이 벗 삼아 주는 빈 장막에 앉아 밤을 지새웠던 봉건시대의 여인들과 현대의 여인들은 이렇게 이미지의 역사 속에서 만나는군요.

「가벼운 마음의 소유자들 — 히치콕의 5단 서랍장」은 정말 현대적 판본의 「규중칠우쟁론기」 같아 보입니다. 애니메이션의 상상력은 여전해요. 서랍에 보관된 물품들의 목록을 보면 여인이 사랑하는 사람들이 누구인지를 짐작할 수 있어요. "샤이니 샤이니 퀵, 퀵"하는 식의 이국적인 박자감은 "히치 콕, 히치 콕, 히치 히치 콕, 콕"이라는 유머러스한 박자감으로 이어져요. 알프레드 히치콕 감독도 아마 자신의 이름을 박자로 변형해서 쓴 데에는 웃음을 터뜨릴 수밖에 없을 거예요. 여인이 간수하는 서랍에는 기쁨만 있는 것은 아닙니다. 사랑하는 이들과 더불어 겪을 수밖에 없는 갈등의 풍경이 생생해요. 물건들끼리 싸우는 광경은 사람들의 내면적인 갈등이 무대화된 결과라고 할 수 있겠죠. 사랑으로 말미암아 불편할 수밖에 없는 심기는 "바늘방석"으로 대표됩니다. 당신이 지닌 장점이 다시 한 번 빛을 발하는 순간이에요. 슬픔이 지리멸렬한 하소연의 차원으로 떨어지지 않도록 블랙 유머의 감각을 유지하는 것.

당신은 사랑이 많은 사람이에요. 당신의 넓은 마음자리, 랜드 하나리에는 너무도 많은 이웃들이 살고 있지요. 생물이든 무생물이든 간에 돈호법과 활유법의 마술 속에서

(되)살아나죠.「뭉게구름은 침묵을 연주하고」에서처럼 당신은 "아프지 않으면 바보같이" 살았겠죠. 당신은 아프기 때문에 "슬픈 하느님"처럼 살고 있어요. 전 당신이 바보같이 살았으면 어땠을까 하는 생각을 해요.

첫 번째 시집 『피터래빗 저격사건』에서부터 당신은 방외자들로부터 파멸해 가는 세계의 기미를 읽어 냈지요.「흑룡강성에서 온 연이 엄마」나「UN 성냥」,「마감 뉴스」등에서 볼 수 있는 것처럼 산업화된 사회에서 인간은 철저하게 소외되어 있고, 우리가 과학기술의 발전에 도취되어 있는 사이에 우리는 삶과 죽음의 문제를 해결하지 못한 채 공멸의 길로 향해 가요. 당신에게는 세계가 근본적으로 상해 있다는 인식이 자리하고 있었죠.

당신은 사랑이 많은 사람이지만, 상해 있는 존재들에게 계속해서 마음을 쓰고 있기 때문에, 흠 없는 신적 사랑의 지평으로 완전히 초월해 갈 수는 없어요.「가벼운 마음의 소유자들 — 베로니카의 손수건과 그노시스의 손수건」에서처럼, 당신은 성스러움과 속됨의 중간쯤에 끼어서, 정통도 이단도 될 수 없는 어정쩡한 상태에 머무를 수밖에 없는 것이죠. 그저 무언가를 갈망하고 간구하는 이들이 흘리는 피땀을 때로는 베로니카의 손수건으로, 때로는 그노시스의 손수건으로 닦아 주려 하겠죠. 존재를 함께 잃어 가는 것, 그래서 영(0)의 지평으로 수렴해 가는 것, 그것이 당신이 꿈꾸는 최후의 시적 이상이 아닐까, 저는 짐작해 봐요.

제가 어렸을 때 저에게 가장 소중한 아이였던 우용이를 낳아 주셔서 고마운 것만큼이나,『가벼운 마음의 소유자들』을 낳아 주셔서 감사해요. 당신의 시집 한 귀퉁이에서 발견한 한 아이의 이름은 저에게 망각하고 분실했던 제 삶의 시간으로 들어가는 문이 되어 주었고, 당신이 언어로 지은 작은 놀이터에서 한참을 머물 수 있어서 행복했어요. 제가 이 놀이터에서 머물다 간 시간이 당신에게도 선물이 될 수 있기를 바라면서 저의 마지막 편지를 마무리하려고 해요. 감사해요.

윤진 양에게: 여섯 번째 편지

윤진 양. 이제까지 보내 준 편지 모두 잘 받았어요. 저도 윤진 양에게 당분간은 마지막 답장이 될 편지를 쓰고 있습니다. 타인에게 말을 흘려보낼 때, 완성된 말에는 늘 지워진 말의 흔적이 드리워져 있곤 해요. 제가 「가벼운 마음의 소유자들 — 어떤 개의 나이」에도 썼던 것처럼 "지우다 말고 쓰고, 쓰다 말고 지우고" 하는 것이 저에게는 자주 일어나는 일이었죠. 윤진 양에게 제가 보낸 편지에도 한 말보다 지워진 말이 더 많다는 것을 기억해 주세요. 마치 제 시집에도 드러난 말보다 숨겨진 말이 더 많은 것처럼 말이에요.

윤진 양에게 마지막으로 제가 아끼는 시 두 편을 특별

히 더 선물로 보내요.「가벼운 마음의 소유자들 — 실로 폰 양과 데칼코마니 군」, 그리고「가벼운 마음의 소유자들 — 왼돌이 달팽이 심벌즈의 방」. 비단 연인의 관계가 아니라도, 사랑을 매개로 한 타인과의 관계는 늘 비대칭적인 것이 아니겠어요? 서로의 차이가 빚어내는 불협화음이야말로 우리가 관계에서 꿈꿀 수 있는 이상은 아닌지 모르겠어요. 한쪽은 청각(실로폰)에, 한쪽은 시각(데칼코마니)에 의존해 있고, 한쪽은 음악에, 한쪽은 미술에 치우쳐 있는 것처럼 우리는 결국 각자의 자기 한계와 영역에 갇혀서 살아갈 수밖에 없죠.

자기 자신이 경험하는 것을 세계의 전부인 것으로 알고 있던 우리가 시야를 넓히게 되는 것은 타인과의 만남을 통해서가 아니겠어요. 그리고 그 만남은 결코 단기적으로 판가름 날 수 있는 성격의 것이 아니라고 생각해요. 만남은 장기 지속. 그래서 데칼코마니 군과 실로폰 양처럼 열아홉을 지나 스물아홉을 지나 서른아홉을 지나 마흔아홉을 지나 쉰아홉을 지나 예순아홉을 지나 일흔아홉을 지나 여든아홉을 지나 아흔아홉이 될 때까지, 우리는 존재의 변화를 보기 위해서는 오랜 시간을 기다려야만 해요. 제가 제 시집이 완성되기를 기다렸던 것처럼, 아니 그 이상으로.

윤진 양이 예전에 물었죠. 사랑이 이렇게 힘든 것이냐고.『가벼운 마음의 소유자들』곳곳에 제가 숨겨 놓은 이미지처럼, 사랑은 어쩌면 무지개 같은 것이 아닐까요. 애초에 그 색색의 프리즘을 들여다보지 않았으면 모를까, 우리를 들뜨게 만드는 그 다채로운 세상 앞에서 어떻게 우리가 저항할 수 있겠어요. 너무 두려워하지는 마요. 윤진 양만이 고유하게 가지고 있는 귓속의 작은 심벌즈가 누군가의 귓속에 있는 작은 심벌즈와 챙! 하고 사이좋게 연주를 시작할 때가 올 테니까. 모두가 진부하게 한 방향으로 고정되어 살아가는 세상에서, 용감하게 다른 방향으로, 배척받는 방향으로 움직이는 왼돌이 달팽이 심벌즈를, 윤진 양은 꼭 만나게 될 거예요.

그때 윤진 양이 저의 시에서 제가 전달하고 싶었던 청량한 파열음을 떠올려 준다면, 저는 한 여성으로서, 한 시인으로서, 매우 기쁠 거예요. 우리 그때 『가벼운 마음의 소유자들』과 함께 색색의 단풍이 지는 랜드 하나리에서 다시 또 만나기로 해요. 제가 저의 작은 친구들을 모두 초대해서 윤진 양을 위한 티파티를 열어 드리겠어요. 한때 냉정한 세계가 저격했던 피터래빗도 그때는 랜드 하나리로 돌아와 있겠죠.

그럼, 그때까지 안녕. 봄이에요.

유형진

1974년 서울에서 태어났다. 서울산업대 문예창작학과를 졸업하고, 2001년 《현대문학》으로 등단했다. 시집 『피터래빗 저격사건』이 있다.

가벼운 마음의 소유자들

1판 1쇄 펴냄·2011년 3월 18일
1판 2쇄 펴냄·2018년 6월 15일

지은이·유형진
발행인·박근섭, 박상준
펴낸곳·㈜민음사

출판 등록 1966. 5. 19. 제16-490호
서울특별시 강남구 도산대로1길 62(신사동)
강남출판문화센터 5층 (우편번호 06027)
대표전화 515-2000 / 팩시밀리 515-2007
www.minumsa.com

ⓒ 유형진, 2011. Printed in Seoul, Korea
ISBN 978-89-374-0790-1 03810

✤ 이 책은 2008년 한국문화예술진흥위원회 문학창작지원금과
2010년 경기문화재단 우수문예창작지원금을 받았습니다.